Oh, my cookie!

NOELIA TORÉ
@bakerybynoelia

Oh, my cookie!

Las recetas de
crumble cookies
más virales
de TikTok

rocaeditorial

Papel certificado por el Forest Stewardship Council®

Primera edición: marzo de 2025

© 2025, Noelia Toré y Marta López Toré
© 2025, Roca Editorial de Libros, S. L. U.
Travessera de Gràcia, 47-49. 08021 Barcelona
© 2025, Álex Toré, por las fotografías
Diseño de maqueta: Comba Studio

Roca Editorial de Libros, S. L. U., es una compañía de Penguin Random House Grupo Editorial que apoya la protección de la propiedad intelectual. La propiedad intelectual estimula la creatividad, defiende la diversidad en el ámbito de las ideas y el conocimiento, promueve la libre expresión y favorece una cultura viva. Gracias por comprar una edición autorizada de este libro y por respetar las leyes de propiedad intelectual al no reproducir ni distribuir ninguna parte de esta obra por ningún medio sin permiso. Al hacerlo está respaldando a los autores y permitiendo que PRHGE continúe publicando libros para todos los lectores. De conformidad con lo dispuesto en el artículo 67.3 del Real Decreto Ley 24/2021, de 2 de noviembre, PRHGE se reserva expresamente los derechos de reproducción y de uso de esta obra y de todos sus elementos mediante medios de lectura mecánica y otros medios adecuados a tal fin. Diríjase a CEDRO (Centro Español de Derechos Reprográficos, http://www.cedro.org) si necesita reproducir algún fragmento de esta obra. En caso de necesidad, contacte con: seguridadproductos@penguinrandomhouse.com.

Printed in Spain – Impreso en España

ISBN: 978-84-10442-54-2
Depósito legal: B-2790-2025

Compuesto en Comptex&Ass. S. L.

Impreso en Gráficas 94 de Hermanos Molina, S.L.
Sant Quirze del Vallès (Barcelona)

RE 42542

*A mis padres, quienes me han enseñado el valor del esfuerzo y la perseverancia.
Gracias, papa y mama, por vuestro apoyo incondicional y por ayudarme a cumplir mi sueño*

Índice

Prólogo
13

Mi historia **con la repostería**
15

El maravilloso mundo de *las cookies*
23

Los ingredientes clave para *triunfar*
28

Trucos y consejos para un resultado *perfecto*
33

Utensilios y herramientas
39

Recetas

Clásicas 43
Chocolateadas 55
Aromáticas 67
Crunchies 83
Molonas 97
De postre 111
Festivas 123
Pasteleras 135
A merendar 149
Originales 161

Agradecimientos
173

Índice de recetas
175

Prólogo

Desde el día en que Noelia me pidió que escribiera el prólogo de este libro, he estado recordando todo lo que hemos compartido. Revivir esos momentos, tanto los buenos como los no tan buenos, me ha llevado a valorar aún más nuestra amistad y la fuerza de su espíritu.

La conocí en el obrador de Jordi Bordas en 2014. Noelia era la encargada de producción. No puedo olvidar el día que llegué a la pastelería, hecho un manojo de nervios. Ella fue quien me abrió la puerta, con esa buena vibra que la caracteriza, y me invitó a entrar.

Desde el primer día Noelia y yo preparamos mano a mano el World Chocolate Masters. Con esta experiencia no solo demostró su talento y profesionalidad, sino también su capacidad para hacer mejores a las personas que tiene al lado y enriquecer cualquier situación hasta convertirla en increíble.

Noelia es un ejemplo de roca contra el viento. Ella me ha demostrado que no existe desafío demasiado grande cuando se posee ilusión, fuerza y buen corazón. Juntos hemos vivido momentos que quedarán grabados en mi memoria, no solo por las risas, sino también por los llantos que paradójicamente nos han unido aún más. No es de extrañar que acabáramos teniendo un grupo de WhatsApp llamado Gabinete de Crisis.

Este libro es una extensión de su corazón y de su buen gusto, y es un privilegio poder formar parte de él.

Gracias por tanto.

Pepe Ysla, ganador del World Chocolate Masters España 2015

Mi historia con la repostería

Crecí entre los hornos de la panadería de mis padres en la calle Aribau, Barcelona, y fue en la trastienda donde descubrí el mundo de la repostería. Mi primera experiencia llegó con las sobras de masa que mis padres me dejaban para jugar. Con esas pequeñas porciones, creaba mis primeras *obritas maestras* y, mientras ellos atendían a los clientes o salían a hacer repartos, yo soñaba con trabajar en un futuro con la misma pasión que veía en ellos.

Mi amor por la pastelería también se lo debo a mis yayas, Rosa y Jacinta, quienes fueron mis primeras maestras de la dulzura. La yaya Rosa preparaba unas rosquillas que llenaban la casa de un cálido aroma a limón y a canela, y la yaya Jacinta, con sus pestiños bañados en miel, me enseñó que la repostería podía ser un abrazo en cada bocado. Entre los hornos de la panadería y las tardes en sus cocinas, aprendí que la felicidad se puede hornear, que una receta puede ser el inicio de una sonrisa y que cada bocado tiene el poder de transportarnos a momentos especiales.

Siempre supe que mi verdadera vocación estaba aquí, entre cientos de ingredientes y una gran mesa donde dar rienda suelta a mi creatividad. Así que, después de formarme con grandes chefs y aprender todo lo que pude, decidí abrir mi propio obrador en Viladecans, la ciudad que me vio nacer. Al principio, monté una cafetería en el centro. Fue una época de aprendizaje de la que conservo grandes recuerdos, aunque con el tiempo decidí enfocarme en hacer menos productos pero más especiales, más cuidados y, sobre todo, personalizados.

Este libro es una recopilación de 55 recetas de cookies que he perfeccionado a lo largo de los años, inspiradas por esas primeras experiencias y por el amor por la repostería que me transmitió mi familia. Desde las más clásicas hasta las más innovadoras, cada receta es un homenaje a los sabores que me hicieron feliz y un regalo para quienes, como yo, creen que una buena cookie puede transformar el día.

Espero que disfrutes horneando cada receta y que en cada bocado encuentres un poquito de esa magia inexplicable que solo la pastelería puede darnos.

UN REPASO AÑO A AÑO

1992
Nacimiento y Juegos Olímpicos

Nací el mismo año en el que se celebraron los Juegos Olímpicos de Barcelona. ¡Menudo año! Todo era celebración y expectación, y para mí es un orgullo haber nacido en un año tan emocionante.

2002-2008
Un poco de teatro
Te cuento un secreto: durante unos años hice teatro en la compañía Esfinge, en Viladecans. Mis compañeros eran increíbles y me lo pasaba en grande. Participé en obras de teatro y en musicales como *Peter Pan*.

1992-2002
En la trastienda de la panadería
Tuve una infancia dulce y feliz, rodeada de amor e inspiración de mis padres. Pasé muchos años en la trastienda de su panadería, y ahí, aunque aún no lo sabía, surgió mi pasión por el dulce.

2008-2010
Adolescencia rebelde
Con dieciséis añitos y en plena adolescencia, confieso que aún andaba algo perdida en la vida. ¿Qué quería ser de mayor? Aún no podía imaginarlo. Mi primera experiencia laboral en McDonald's me enseñó el valor del esfuerzo y el trabajo duro.

2012-2016
Empieza mi primer trabajo dulce

Descubrí que Jordi Bordas, campeón del mundo de pastelería, tenía el obrador de pastelería justo delante de mi casa. Con él me desarrollé profesionalmente, viajé por todo el mundo y me enfrenté a retos inimaginables.

2011
¡A cocinar!

Este año fue el principio de todo. Estudiar cocina me descubrió un mundo nuevo de posibilidades en el ámbito de la gastronomía. Pero algo me decía que yo era más de dulce que de salado.

2014
Me voy a Singapur

Este año salí de mi zona de confort: viajé a Singapur para hacer una estancia de verano en el restaurante 2am Dessert Bar by Janice Wong. Aprendí muchísimo sobre postres y descubrí las maravillas de la gastronomía asiática.

2013
Dos estrellas Michelin

En 2013 hice una estancia de verano en el restaurante Miramar de Paco Pérez, con dos estrellas Michelin. Aquí aprendí que todos los detalles cuentan y que trabajar con pasión y precisión es fundamental para alcanzar el éxito.

2016
Inauguración de Bakery by Noelia

Decidí dejarlo todo para emprender y abrir mi propia cafetería-pastelería en Viladecans el 8 de diciembre de 2016. Con solo veinticuatro años me enfrentaba a uno de los mayores retos de toda mi vida.

2020
El COVID y sus consecuencias

Cuatro años después, el COVID llegó a nuestras vidas y afectó al negocio. Descubrimos una nueva oportunidad con la venta online de nuestros productos.

2021
Inauguración del obrador Bakery
El local de la cafetería se quedó pequeño para dar servicio a todos los pedidos, tanto presenciales como online, por lo que decidí abrir otro local que serviría solo como obrador de pastelería.

2022
Fin de la cafetería
En 2022, decidí cerrar la cafetería para focalizar todos mis esfuerzos en el obrador. Habían sido unos años increíbles, pero, como todo en esta vida, algunas etapas deben cerrarse para dar paso a nuevas oportunidades.

2025
Lanzo mi primer libro
Y ahora me encuentro escribiendo unas palabras que se verán publicadas en mi primer libro de pastelería.
Un sueño hecho realidad.

Continuará…

El maravilloso mundo de *las cookies*

Lo mejor de las cookies es la increíble variedad de texturas que puedes conseguir con pequeños ajustes en sus ingredientes y proporciones. Desde galletas crujientes y quebradizas hasta texturas esponjosas y tiernas, cada receta tiene su propia personalidad ¡y su público!

En este capítulo, voy a explicar las principales texturas que encontrarás en las recetas de este libro. Utilizo como base diferentes combinaciones de azúcar, mantequilla, huevo, harina y otros ingredientes clave. Evidentemente hay tantas texturas y tipos de galletas como abuelas en el mundo, pero he preferido ser breve e ir directa al grano, porque todos sabemos que estás aquí por algo muy concreto: preparar *ipso facto* unas cookies deliciosas.

La clásica crumble cookie

Ingredientes: azúcar, mantequilla, huevo, harina floja, impulsor y bicarbonato.

Estas cookies están en tendencia y no es para menos: crujientes por fuera, tiernas por dentro y ese bocado perfecto que se siente al morderlas. El bicarbonato juega un papel esencial en este tipo de receta, ya que ayuda a neutralizar los ácidos de la masa y genera dióxido de carbono, lo que permite que las cookies crezcan ligeramente y desarrollen esa textura única. Son ideales para quienes buscan un equilibrio entre lo crujiente y lo suave. Y sí, son las recetas más virales de TikTok en la actualidad.

Un ejemplo de estas cookies son las **chocolate chip cookies** o las de **macadamia, vainilla y caramelo**.

Crumble cookie sin bicarbonato

Ingredientes: azúcar, mantequilla, huevo, harina floja e impulsor.

Al eliminar el bicarbonato extra (uno de los componentes del impulsor es el bicarbonato), las cookies pierden algo de ese grosor característico y tienden a ser más compactas y densas. Esto las convierte en una opción ideal si prefieres cookies más firmes pero igualmente deliciosas. Son ideales para acompañar con una buena taza de leche o café, ya que su textura compacta las hace perfectas para mojar.

Las cookies de **limón y semillas de amapola** o las de **avena, pasas y chocolate** que encontrarás en el primer capítulo dedicado a recetas son un buen ejemplo.

El maravilloso mundo de las cookies

Las más sencillas pero deliciosas

Cookies firmes y crujientes

Ingredientes: azúcar, huevo y harina.

Estas cookies son minimalistas y sencillas, lo que las hace ideales para experimentar con ingredientes adicionales como frutos secos, chocolate, coco… La ausencia de mantequilla y de agentes leudantes como el bicarbonato o el impulsor da como resultado unas cookies más densas y planas, perfectas para quienes buscan una base simple que potencie los sabores añadidos.

Otro buen ejemplo es la cookie de coco, que incorpora una cantidad considerable de coco rallado y un toque de sal. Eso sí, no te lo pondremos tan fácil: tendrás que hacer una mousse de coco para coronarla.

Ingredientes: azúcar, huevo, harina y mantequilla.

Estas cookies tienen una textura firme y quebradiza, perfecta para crear formas divertidas como corazones, dinosaurios o las clásicas gingerbread cookies. La mantequilla aporta sabor, mientras que la ausencia de leudantes da como resultado cookies que mantienen la forma tras hornearse. Su textura crujiente es ideal para decorarlas con glaseado o chocolate, ya que soportan bien los añadidos encima.

Cookies esponjosas y ligeras

Ingredientes: azúcar, mantequilla, huevo, harina floja, maicena y cremor tártaro.

Aquí entramos en el mundo de las cookies esponjosas. La maicena aporta suavidad y ligereza, mientras que el cremor tártaro actúa como un estabilizante y ayuda a retener el aire en la masa. Esto crea una textura aireada y delicada, parecida a la de un bizcocho. El cremor tártaro, además, mejora la estructura de la masa y contribuye a un sabor ligeramente ácido que equilibra el dulzor de la receta.

Estas cookies son ideales si buscas una experiencia más ligera, perfecta para acompañar con un vaso de leche o para disfrutar a cualquier hora del día.

En el capítulo de cookies aromáticas encontrarás las de calabaza, chocolate con leche y especias, las de chai latte o las de vainilla y cardamomo.

UN PEQUEÑO RESUMEN

La clave para conseguir la textura que se desea está en conocer el papel que juega cada ingrediente:

Azúcar:
aporta dulzor y, dependiendo del tipo (blanco, moreno o glas), influye en la textura (más crujiente o más tierna). El azúcar moreno, además, nos da un sabor más tostado y acaramelado.

Bicarbonato e impulsor:
ayudan a que las cookies crezcan y hacen que sean más ligeras o masticables.

Cremor tártaro:
estabiliza, retiene aire y añade una textura esponjosa y delicada.

Mantequilla:
añade sabor y puede hacer las cookies más tiernas o más crujientes en función de la proporción.

Huevo:
amalgama y une los ingredientes.

Maicena:
proporciona suavidad y ligereza.

Harina floja:
crea la estructura básica. Según su proporción, la textura será más o menos compacta.

Con estas bases, puedes jugar y experimentar para descubrir qué textura se adapta mejor a tu gusto o al de tus invitados. La versatilidad de las cookies es infinita y cada receta es una oportunidad de explorar nuevas combinaciones. Así que ¡manos a la masa!

LOS INGREDIENTES CLAVE PARA TRIUNFAR

Este es uno de los capítulos más importantes del libro, así que léelo de principio a fin para hacer unas cookies top.

En las siguientes páginas te voy a contar todo sobre los ingredientes imprescindibles de tu despensa y algún que otro secreto para que tus galletas sean tan irresistibles que hasta los vecinos vengan a llamar a tu puerta cuando abras el horno.

¡Vamos al lío!

Harina floja: la base de tus cookies

La harina floja, un ingrediente esencial, tiene menos gluten que la harina de fuerza y funciona justo como queremos: galletas tiernas y con una textura muy suave.

Puedes buscar harina de repostería en el supermercado o, si no la encuentras, opta por una que tenga un contenido de proteína entre el 8-10 por ciento. Lo importante es que sea harina floja.

En el caso de que quieras hacer cookies sin gluten, puedes usar harina de arroz, de maíz o una mezcla especial para repostería sin gluten. El resultado no será exactamente el mismo, pero tendrás la misión de experimentar y encontrar la receta perfecta para ti.

Mantequilla: textura y sabor

Es requisito indispensable que utilices mantequilla básica sin sal, la de toda la vida. Las margarinas o los productos light no aportan el mismo sabor ni el mismo porcentaje de grasa, por lo que el resultado puede ser impredecible.

Otro requisito básico es que la mantequilla tenga una textura pomada, es decir, entre sólida y blandita. Esta textura es perfecta para mezclar e integrar bien todos los ingredientes. Para conseguirlo puedes dejar la mantequilla a temperatura ambiente unas horas (siempre y cuando no vivas a menos de 10 °C o a más de 30). Otra opción es calentarla en el microondas en tandas de 10 segundos hasta obtener la textura deseada.

En el caso de que quieras hacer cookies sin lactosa, el procedimiento será igual que con la harina sin gluten, es decir, tendrás que buscar una mantequilla alternativa y experimentar hasta obtener la cookie perfecta. ¡Atrévete a probar!

Huevos: siempre frescos

En este libro siempre hablamos de huevos de tamaño mediano, que suelen pesar unos 60 gramos. En el caso de que veas que tus cookies se desmigajan, es posible que falte un poco de huevo. ¡Tenlo en cuenta para la próxima receta!

Nata de montar: con bien de grasa

Cuando la compres en el súper simplemente tienes que fijarte que en el envase ponga *nata de montar*. Si tienes dudas, asegúrate de que en la lista de ingredientes se indique que la materia grasa es de un 35 por ciento aproximadamente.

Azúcar: ¿blanco, moreno o glas?

Dependiendo de la receta, verás que he utilizado un azúcar u otro. El blanco lo uso normalmente para obtener una textura más crujiente. El moreno, al contener más melaza, da un resultado más húmedo y un saborcito como a caramelo que está de vicio. El azúcar glas lo empleo para algunos glaseados y también para galletas que se caracterizan por una textura más fina, como las **gingerbread** o los **dinosaurios**. Cada azúcar tiene un porqué, pero como siempre… ¡te reto a probar y a experimentar en tu cocina!

Bicarbonato sódico: el truco de magia

El bicarbonato es esencial porque ayuda a que las cookies crezcan y tengan una textura tierna pero ligeramente crujiente. Este crecimiento es debido a que el bicarbonato reacciona en un medio ácido y libera dióxido de carbono (las burbujitas) que hace que la masa se expanda.

Impulsor o levadura química: ¡arriba!

No lo confundas con la levadura de panadería o la fresca. El impulsor es el que viene en sobrecitos rojos (la levadura Royal® de toda la vida) y hace que tus cookies se eleven. Su acción es ligeramente diferente a la del bicarbonato y, por eso, en algunas recetas de este libro utilizo ambos ingredientes.

Chocolate de repostería: de buena calidad

Aquí no vale cualquier tableta. Busca chocolate de repostería, ya que tiene la cantidad correcta de grasa y azúcar para fundirse. Algunas tabletas comerciales pueden contener exceso de grasa, azúcares u otros ingredientes que no nos interesan para la receta.

Chips de chocolate: ¡a jugar!
Puedes utilizar chips de chocolate o picar una tableta en trocitos pequeños, depende de tus ganas de cocinar o del efecto deseado. A mí personalmente me gusta usar chips, que tienen una forma redondita, con lo que las cookies queden más *cute*.

Gelatina: ¿en hojas o en polvo?
En este libro usamos gelatina en polvo en tan solo tres recetas. En polvo es más fácil de medir y mezclar. Pero no pasa nada si tienes hojas: la conversión es fácil. Una hoja de gelatina de 2 gramos equivale a unos 2 o 2,5 gramos de gelatina en polvo aproximadamente.

Vainilla: natural, mucho mejor
No hay nada como usar vainilla natural para conseguir unas cookies gourmet. Si tienes vainas, corta la vaina a lo largo y raspa las semillas con la punta de un cuchillo. Si no, el extracto de vainilla es una buena alternativa.

Ahora que conoces a los protagonistas de nuestras cookies, ¡prepárate para hacer magia en la cocina! ¿Todo listo?

¡Vamos a hornear!

Trucos y consejos para un resultado *perfecto*

Ya hemos visto la importancia de usar los ingredientes adecuados en nuestras cookies. Sin embargo, no basta con tener la mejor materia prima, sino que hay que saber utilizarla correctamente. En este capítulo te doy mis consejos imprescindibles para que no haya ningún fallo durante el proceso de elaboración. Léelos con atención y ¡toma nota!

1. Lee tus recetas de arriba abajo antes de empezar

No hay nada peor que darte cuenta a mitad de receta de que te falta mantequilla o que no encuentras el chocolate en la despensa (porque alguien, ejem, ejem…, se lo comió el día anterior). Lee la columna de ingredientes y el proceso de principio a fin. Así te asegurarás de que tienes todo lo indispensable antes de empezar.

2. Pesa tus ingredientes con una báscula de precisión

La pastelería es una ciencia (casi) exacta. Aunque las cookies son una de las elaboraciones más versátiles y toleran cierto margen en las cantidades, es muy importante respetar los pesos que se indican para asegurarte de que el resultado final sea exquisito. Ya dejaremos el momento «un poquito de esto y una pizca de aquello» para la decoración final. Si puedes, usa una báscula de precisión para obtener los gramos exactos.

3. Asegúrate de trabajar con las temperaturas correctas

Aunque ya hemos hablado de alguna temperatura en el capítulo de ingredientes, aquí amplío un poco más la información y te cuento otros truquitos interesantes:

- Mantequilla en textura pomada

    Un básico que ya hemos comentado anteriormente. La mantequilla tiene que estar blandita, como si fuera plastilina lista para moldear. La puedes dejar a temperatura ambiente (26 °C aproximadamente) o darle como mucho un toque de 10 segundos en el microondas. Ten en cuenta que no debe estar fundida porque entonces obtendremos una masa demasiado líquida.

- La nata bien fría

    El truco para que la nata monte y se mantenga estable es muy sencillo: que esté bien fría. Si tienes curiosidad por saber el porqué de esto, te cuento: la grasa que contiene la nata ayuda a atrapar las burbujas de aire cuando la estamos montando. Si la nata está caliente, la grasa que contiene también lo está y, por tanto, se derrite y las burbujas de aire se escapan.

- Atemperado de chocolate

    Tanto las cookies **Rayadas** como las de **Bombón crujiente** tienen un baño de chocolate que las hace irresistibles. Para lograrlo, vamos a atemperar el chocolate. Si lo prefieres, puedes simplemente fundirlo y listo, pero la gracia del atemperado es que, con un poco de paciencia, conseguimos un baño que al enfriarse queda brillante y crujiente. Para ello, llevamos el chocolate a una temperatura alta para que todos los cristales de la manteca de cacao se derritan. Después, lo enfriamos poco a poco y lo usamos justo en el momento ideal. El resultado: un baño de chocolate espectacular.

En este libro usamos chocolate blanco y negro para los baños principales, y, como cada tipo tiene distintos niveles de materia grasa, las temperaturas varían. Pero no te preocupes, aquí te dejo una tablita para que atemperes el que quieras y prepares el baño perfecto para tus cookies favoritas.

Tipo de chocolate	Temperatura de fusión	Temperatura de uso
Chocolate blanco	38-40 °C	26-29 °C
Chocolate negro	45-50 °C	28-31 °C
Chocolate con leche	40-45 °C	27-30 °C

Esta tabla es específica para el tipo de atemperado que seguimos en este libro, que es el método de siembra, que consiste en calentar una parte del chocolate a la temperatura de fusión y añadir la otra parte sin fundir para alcanzar la temperatura de uso.

- **El merengue perfecto**

    En la receta de **Lemon pie**, además de la masa de galleta, tienes las instrucciones para elaborar el merengue. Lo puedes utilizar en cualquier otra cookie para darle un toque especial, pero, para que sea estable, tienes que seguir las explicaciones al pie de la letra. Para ello, necesitarás un termómetro con el que tomar la temperatura del almíbar. Si no tienes un termómetro, te recomiendo que te hagas con uno. ¡Es un básico de la pastelería!

4. Que no te pillen con las manos en la masa

Manipular la masa es una de las partes más divertidas pero también más peliagudas, así que aquí te dejo unos pequeños consejos para que no te pillen en el último momento:

- **Las manos, limpias y frescas, listas para bolear**

    Esto es básico, pero no está de más un pequeño recordatorio. Procura tener las manos bien limpias antes de manipular la masa o cualquier otro ingrediente.

- **La temperatura de la masa importa**

    Cuando todos los ingredientes de la receta están bien integrados, la masa está lista para bolear, pero es importante que tenga una temperatura idónea para que sea manejable y podamos formar bolas sin que se quede pegada a las manos. Si ves que está un poco líquida, métela en la nevera media horita para que puedas manipularla mejor.

- **Preparación de la bandeja de horno**

    Cuando pongas la masa en la bandeja, hazlo en forma de bolitas y no en forma plana como cabría imaginar. La mantequilla, cuando se funda por el calor, hará el trabajo de expandirlas en el horno. Por otro lado, procura dejar suficiente espacio entre ellas o acabarás con una megacookie (que, bueno, tampoco suena tan mal, pero no es el objetivo aquí). Recuerda colocar las bolas sobre una bandeja con papel antiadherente, aunque también puedes utilizar espray desmoldeante.

5. Vigila tu horno de cerca

La configuración es básica: calor arriba y abajo y sin ventilador. ¡Ah! Y precalienta siempre. Por otro lado, verás que en las recetas indico siempre una horquilla de tiempo, por ejemplo, entre 10 y 15 minutos. Yo utilizo el horno del obrador, que es bastante potente, pero cada modelo tiene sus peculiaridades, así que tendrás que ir vigilando durante la cocción para garantizar que tus cookies no queden crudas o demasiado cocidas.

6. Resiste tu impulso y deja enfriar

Una vez fuera del horno, deja las cookies enfriar a temperatura ambiente un par de horas. Sé que la espera se hace eterna, pero el sabor y la textura mejoran muchísimo si las dejas reposar. ¡Paciencia!

Recuerda que algunas cookies tienen ese interior suave y fondente que nos hace suspirar, así que, si las comes uno o dos días después, dales un toquecito de 15 segundos en el microondas para que recuperen esa textura tan deseada.

7. Si la tentación te deja, guárdalas en el lugar correcto

- ### Congelar masa para emergencias dulces

    Si, por lo que sea, haces la masa, pero no puedes hornearla, o quieres dejarla lista para otro momento, puedes congelarla sin problema. Haz bolitas con la masa y guárdalas en un táper o envuélvelas con film transparente. Cuando quieras hornearlas, es imprescindible que las dejes descongelar durante, mínimo, un par de horas.

- ### Almacenarlas en un lugar fresco y seco

    Ya horneadas, déjalas enfriar completamente a temperatura ambiente y, después, guárdalas en un táper hermético, una campana o un tarro de cristal. Siempre en un lugar fresco y seco. Aunque, siendo sincera, dudo que duren tanto como para preocuparte por esto.

8. ¿Qué pasa si sobra masa?

Las cantidades que damos en las recetas de cookies son orientativas y siempre llevan un poquito de más. Esto es para que nunca te falte masa, incluso teniendo en cuenta que siempre se pierde algo durante la preparación.

Es normal que algo de masa se quede pegada en los boles, en las herramientas o hasta en las manos. Por eso, siempre incluimos un extra para que puedas hacer las cookies sin preocuparte.

Si te sobra masa, no te preocupes. Puedes hacer dos hornadas y tener más cookies para disfrutar. O, si prefieres, guarda la masa en el congelador para otra ocasión. Así podrás tener cookies caseras cuando quieras sin tener que empezar de cero.

9. Experimenta y déjate llevar

Y el último consejo ya te lo he ido adelantando en las explicaciones anteriores: las cookies son elaboraciones versátiles que permiten cambios y adaptaciones con las que el resultado final puede variar. ¡Anímate a probar, jugar e innovar con tus ingredientes favoritos!

Para mí, la pastelería es esto, una forma de llevar la imaginación al límite con recetas llenas de ilusión y color. Pero, sobre todo, la pastelería me ha regalado momentos únicos, tanto en el obrador como en la cocina de casa.

¡Ve calentando el horno, que esto está a punto de empezar!

UTENSILIOS Y HERRAMIENTAS

Lo que me encanta de las cookies es que son superfáciles: no necesitas utensilios complicados ni maquinaria específica. Yo, por ejemplo, para la masa cojo un bol y mezclo los ingredientes con una espátula de silicona, y luego doy forma a las cookies a mano (¡siempre con las manos bien limpias!).

Para algunas recetas más específicas puede que necesites herramientas como varillas, moldes de diferentes tamaños, cortadores o mangas pasteleras. No te preocupes, porque siempre lo explico en cada receta. Por eso es muy importante leer todo el proceso antes de comenzar para asegurarte de tener a mano todos los utensilios necesarios.

Ahora sí, con todo listo, ¡es hora de disfrutar! *Let's go!*

Recetas

Clásicas

LIMÓN Y SEMILLAS DE AMAPOLA
45

AVENA, PASAS Y CHOCOLATE
46

LIMA, CHOCOLATE BLANCO Y ARÁNDANOS
48

COCO
50

PIÑONES Y ALMENDRAS
52

Limón y semillas de amapola

 10 uds.

Estas cookies me transportan al final de la primavera, cuando las amapolas empiezan a florecer y el verano se abre paso. Son perfectas para hacer un pícnic al aire libre y dejarse enamorar por su dulce aroma a limón.

COOKIES:

- 90 g de azúcar moreno
- 125 g de azúcar blanco
- la ralladura de 2 limones
- 130 g de mantequilla pomada
- 30 ml de zumo de limón
- 25 ml de leche
- 1 huevo
- 285 g de harina floja
- 5 g de impulsor
- 15 g de semillas de amapola

GLASEADO:

- 250 g de azúcar glas
- 50 ml de zumo de limón
- 5 g de semillas de amapola

ACABADO:

- la ralladura de 1 limón

COOKIES:

Mezclar los azúcares, la ralladura de los dos limones y la mantequilla hasta que se integren bien los ingredientes. Añadir el zumo de limón, la leche y el huevo y seguir mezclando. Cuando se hayan integrado, echar la harina y el impulsor. Por último, agregar las semillas de amapola y mezclar hasta que quede todo incorporado.

Hacer bolas de masa de unos 80 g aproximadamente y colocar sobre una bandeja de horno con papel antiadherente con una separación suficiente entre ellas para evitar que se unan entre sí durante la cocción.

Hornear a 180 °C durante unos 10-15 minutos y dejar enfriar.

GLASEADO:

Mezclar el azúcar glas, el zumo de limón y las semillas de amapola con la ayuda de una varilla. Una vez que las cookies estén frías, pintarlas con el glaseado con la ayuda de un pincel.

ACABADO:

Por último, añadir un poco de ralladura de limón sobre las cookies.

Avena, pasas y chocolate

 8 uds.

A simple vista pueden parecer unas cookies *very mindful*, *very demure*. Pero sus ingredientes traviesos como el azúcar moreno y el chocolate negro las convierten en un dulce de auténtico disfrute. ¡Que no te engañe su apariencia inocente!

195 g de azúcar moreno
170 g de mantequilla pomada
2 huevos
145 g de harina floja
7 g de impulsor
2 g de sal
180 g de pasas
180 g copos de avena
100 g de chips de chocolate negro

Mezclar el azúcar y la mantequilla hasta que se combinen bien los ingredientes. Añadir el huevo y seguir mezclando. Cuando se haya integrado, incorporar la harina, el impulsor y la sal. Por último, agregar las pasas, los copos de avena y los chips de chocolate. Mezclar suavemente hasta que quede todo integrado.

Hacer bolas de masa de unos 100 g aproximadamente y colocar sobre una bandeja de horno con papel antiadherente con una separación suficiente entre ellas para evitar que se unan entre sí durante la cocción.

Hornear a 180 °C durante unos 10-15 minutos y dejar enfriar.

Lima, chocolate blanco y arándanos

 10 uds.

El dulzor del chocolate blanco combinado con la acidez de la lima y los arándanos es..., ¡ufff!, uno de mis maridajes favoritos. Hazlas para desayunar o merendar y disfrútalas con un vaso de leche bien fresquito.

COOKIES:

- 90 g de azúcar moreno
- 125 g de azúcar blanco
- la ralladura de 2 limas
- 130 g de mantequilla pomada
- 30 ml de zumo de lima
- 25 ml de leche
- 1 huevo
- 285 g de harina floja
- 5 g de impulsor
- 115 g de chips de chocolate blanco
- 150 g de arándanos frescos

GLASEADO:

- 250 g de azúcar glas
- 50 ml de zumo de lima

COOKIES:

Mezclar los azúcares, la ralladura de lima y la mantequilla hasta que se integren bien los ingredientes. Añadir el zumo de lima, la leche y el huevo, y seguir mezclando. Cuando se hayan integrado, agregar la harina y el impulsor. Por último, incorporar los chips de chocolate y los arándanos, y combinar suavemente para no romper los arándanos.

Hacer bolas de masa de unos 100 g aproximadamente y colocar sobre una bandeja de horno con papel antiadherente con una separación suficiente entre ellas para evitar que se unan entre sí durante la cocción.

Hornear a 180 °C durante unos 10-15 minutos y dejar enfriar.

GLASEADO:

Mezclar el azúcar glas y el zumo de lima con la ayuda de una varilla. Una vez que las cookies estén frías, pintarlas con el glaseado con la ayuda de un pincel.

ACABADO:
la ralladura de 1 lima

ACABADO:
Por último, añadir un poco de ralladura de lima sobre las cookies.

Oh, my cookie!

Coco

 8 uds.

El mundo se divide entre los amantes del coco y los que aún no conocen estas galletas. Recién hechas, son un bocado de placer y un descubrimiento para los paladares más dudosos. ¡Que viva el coco!

COOKIES:

- 300 g de azúcar blanco
- 5 huevos
- 375 g de coco rallado
- 2 g de sal
- 120 g de harina floja

MOUSSE DE COCO:

- 5 g de gelatina neutra en polvo
- 25 ml de agua para hidratar la gelatina
- 250 g de crema de coco
- 65 g de azúcar blanco
- 250 g de nata de montar

COOKIES:

Mezclar el azúcar con el huevo utilizando unas varillas y remover hasta que se blanquee. Añadir el coco, la sal y la harina, y mezclar hasta que quede todo integrado.

Hacer bolas de masa de unos 100 g aproximadamente y colocar sobre una bandeja de horno con papel antiadherente con una separación suficiente entre ellas para evitar que se unan entre sí durante la cocción.

Hornear a 180 °C durante unos 10 minutos y dejar enfriar.

MOUSSE DE COCO:

Mezclar la gelatina con el agua y dejar que se hidrate 5 minutos.

Calentar en un cazo la mitad de la crema de coco con el azúcar, añadir la gelatina y mezclar bien con una varilla. Agregar el resto de la crema de coco y mezclar hasta que se integren bien todos los ingredientes. Dejar enfriar en la nevera durante una hora hasta que espese.

Montar la nata y, cuando la primera preparación esté fría, añadir y mezclar suavemente con una espátula.

Una vez que las cookies estén frías, dosificar la mousse en forma de espiral con la ayuda de una manga pastelera. Decorar con un poco de coco rallado.

Piñones y almendras

 8 uds.

En casa hemos hecho *panellets* cada mes de octubre, un dulce tradicional que es como una bolita de mazapán con piñones. Aquí te presento una nueva versión a mi manera. ¡Ay! Ya me estoy imaginando las tardes de domingo de otoño, cocinando y compartiendo con toda la familia...

200 g de azúcar blanco
135 g de mantequilla pomada
1 huevo
200 g de harina floja
100 g de harina de almendra
3 g de impulsor
3 g de bicarbonato
2 g de sal
70 g de granillo de almendra
100 g de piñones

Mezclar el azúcar y la mantequilla hasta que se integren bien los ingredientes. Añadir el huevo y seguir mezclando. Cuando se haya integrado, incorporar la harina, la harina de almendra, el impulsor, el bicarbonato y la sal. Por último, agregar el granillo de almendra y la mitad de los piñones. Mezclar hasta que quede todo integrado.

Hacer bolas de masa de unos 60-70 g aproximadamente y colocar sobre una bandeja de horno con papel antiadherente con una separación suficiente entre ellas para evitar que se unan entre sí durante la cocción. Decorar con el resto de los piñones por encima.

Hornear a 180 °C durante unos 10-15 minutos y dejar enfriar.

Choco-lateadas

~~~

CHOCOLATE CHIP COOKIE RELLENA
56

RAYADA
58

TRES CHOCOLATES
61

BOMBÓN CRUJIENTE
62

COOKIE PIE RELLENA
64

Oh, my cookie!

Chocolate chip cookie rellena

🍪 8 uds.

La reina de las cookies, con su cremita fundida de cacao y avellanas en su interior y sus chips de chocolate por toda la masa. Después de recorrer la ciudad de Nueva York y probar sus cookies más icónicas, creo que he dado con la receta perfecta.

CREMA DE CACAO Y AVELLANAS:*

- 125 g de avellanas tostadas
- 60 g de azúcar glas
- 20 g de cacao en polvo sin azúcar
- una pizca de sal
- 15 ml de aceite de girasol

COOKIES:

- 200 g de azúcar blanco
- 135 g de mantequilla pomada
- 1 huevo
- 300 g de harina floja
- 3 g de impulsor
- 3 g de bicarbonato
- 2 g de sal
- 70 g de chips de chocolate con leche

CREMA DE CACAO Y AVELLANAS:

Triturar las avellanas tostadas hasta formar una pasta cremosa. Añadir el azúcar, el cacao y la pizca de sal y seguir triturando hasta que esté todo bien mezclado. Verter el aceite poco a poco y mezclar hasta obtener una consistencia fina y cremosa. Guardar en la nevera.

COOKIES:

Mezclar el azúcar y la mantequilla hasta que se integren bien los ingredientes. Añadir el huevo y seguir mezclando. Cuando se haya integrado, incorporar la harina, el impulsor, el bicarbonato y la sal. Por último, agregar los chips de chocolate y mezclar hasta que quede todo integrado.

Hacer bolas de masa de unos 60-70 g aproximadamente y colocar sobre una bandeja de horno con papel antiadherente con una separación suficiente entre ellas para evitar que se unan entre sí durante la cocción. Hacer un agujero en cada cookie, rellenar con 20 g de crema y tapar con un trocito de masa de cookie.

Hornear a 180 °C durante unos 10-15 minutos.

*Si no te apetece preparar la crema, puedes utilizar Nutella® o similar.

Rayada

 8 uds.

Esta receta me recuerda muchísimo a aquellos Donettes® rayados que merendaba en la panadería de mis padres cuando era niña. Hacer estas cookies en casa será un planazo para toda la familia, ¡creando recuerdos divertidos y deliciosos para siempre!

COOKIES:

165 g de azúcar blanco
3 huevos
60 g de mantequilla
300 g de chocolate negro de repostería
55 g de harina floja
225 g de chips de chocolate negro

BAÑO DE CHOCOLATE:

200 g de chocolate blanco de repostería
100 g de chocolate negro de repostería

COOKIES:

Mezclar el azúcar con el huevo utilizando unas varillas y montar hasta que aumente su volumen. Fundir la mantequilla en el microondas junto con el chocolate negro de repostería. Hacerlo en tandas de 10 segundos y remover entre tanda y tanda para evitar que el chocolate se queme. Mezclar las dos preparaciones anteriores y añadir la harina hasta que quede bien integrada. Por último, agregar los chips de chocolate y mezclar hasta que quede todo integrado.

Hacer bolas de masa de unos 80 g aproximadamente y colocar sobre una bandeja de horno con papel antiadherente con una separación suficiente entre ellas para evitar que se unan entre sí durante la cocción.

Hornear a 180 °C durante unos 10-15 minutos y dejar enfriar.

BAÑO DE CHOCOLATE:

Trocear el chocolate blanco y colocar ⅔ en un bol. Calentar en el microondas en intervalos de 10-15 segundos y remover entre cada intervalo con una espátula. Esto evitará que el chocolate se queme.

Comprobar con un termómetro de cocina que el chocolate alcanza una temperatura de 38-40 °C. Si no se dispone de termómetro, simplemente verificar que el chocolate tiene una textura líquida y homogénea.

Añadir el chocolate blanco restante al bol y mezclar bien hasta que se derrita completamente. Esto ayudará a bajar la temperatura a unos 26-29 °C. Para comprobarlo, usar el termómetro de cocina o sumergir una cuchara y dejarla reposar unos minutos. Si el chocolate se endurece con un acabado brillante y uniforme es que está listo para usar.

Bañar las cookies sumergiendo la parte superior en el chocolate blanco. Dejarlas enfriar hasta que el chocolate se endurezca.

Seguir el mismo proceso de atemperado con el chocolate negro, fundiéndolo a 45-50 °C y usándolo a 28-31°C. Luego dosificar sobre las cookies con la ayuda de una cuchara o un cono de papel.

Tres chocolates

 8 uds.

¿Por qué elegir si puedes ponerlos todos? Esto es lo que pensé cuando hice esta receta tricolor con tres intensidades de cacao distintas. Una monería de cookies con las que triunfar siempre.

---

210 g de azúcar blanco
140 g de mantequilla pomada
1 huevo
300 g de harina floja
3 g de impulsor
3 g de bicarbonato
2 g de sal
25 g de chips de chocolate negro
25 g de chips de chocolate blanco
25 g de chips de chocolate con leche

Mezclar el azúcar y la mantequilla hasta que se integren bien los ingredientes. Añadir el huevo y seguir mezclando. Cuando se haya integrado, incorporar la harina, el impulsor, el bicarbonato y la sal. Por último, agregar los chips de chocolate y mezclar hasta que quede todo integrado.

Hacer bolas de masa de unos 60-70 g aproximadamente y colocar sobre una bandeja de horno con papel antiadherente con una separación suficiente entre ellas para evitar que se unan entre sí durante la cocción.

Hornear a 180 °C durante unos 10-15 minutos y dejar enfriar.

Bombón crujiente

 8 uds.

Tal vez pienses que superar un bombón de Ferrero Rocher® es imposible, pero te equivocas. Esta cookie esconde en su interior el clásico bombón, aunque lo lleva a otro nivel. Así que, si alguien puede desbancar a la mejor anfitriona del país con su icónica pirámide dorada, esa persona eres tú.

COOKIES:

- 210 g de azúcar blanco
- 140 g de mantequilla pomada
- 1 huevo
- 300 g de harina floja
- 3 g de impulsor
- 3 g de bicarbonato
- 2 g de sal
- 70 g de chips de chocolate negro
- 35 g de granillo de avellana
- 8 bombones Ferrero Rocher®

BAÑO Y ACABADO:

- 250 g de chocolate con leche
- 35 g de granillo de avellana
- 8 trocitos de pan de oro

COOKIES:

Mezclar el azúcar y la mantequilla hasta que se integren bien los ingredientes. Añadir el huevo y seguir mezclando. Cuando se haya integrado, incorporar la harina, el impulsor, el bicarbonato y la sal. Por último, agregar los chips de chocolate y la avellana. Mezclar hasta que quede todo integrado.

Hacer bolas de masa de unos 60-70 g aproximadamente e introducir un bombón Ferrero Rocher® en el interior de cada bola. Colocar sobre una bandeja de horno con papel antiadherente con una separación suficiente entre ellas para evitar que se unan entre sí durante la cocción.

Hornear a 180 °C durante unos 10-15 minutos y dejar enfriar.

BAÑO Y ACABADO:

Trocear el chocolate con leche y colocar ⅔ en un bol. Calentar en el microondas en intervalos de 10-15 segundos y remover entre cada intervalo con una espátula. Esto evitará que el chocolate se queme.

Comprobar con un termómetro de cocina que el chocolate alcanza una temperatura de 40-45°C. Si no se dispone de termómetro, simplemente verificar que el chocolate tiene una textura líquida y homogénea.

Añadir el chocolate restante al bol y mezclar bien hasta que se derrita completamente. Esto ayudará a bajar la temperatura a unos 27-30 °C. Para comprobarlo, usar el termómetro de cocina o sumergir una cuchara y dejarla reposar unos minutos. Si el chocolate se endurece con un acabado brillante y uniforme es que está listo para usar. Agregar el granillo de avellana y mezclar.

Colocar las cookies en una rejilla y bañarlas dosificando el chocolate con avellana por encima. Dejarlas enfriar hasta que el chocolate se endurezca. Decorar con un toque de pan de oro.

Cookie pie rellena

 Receta para una tarta utilizando un molde redondo de 20 cm de diámetro

La receta clásica de la chocolate chip cookie rellena, pero en formato tarta. Solo con ver la foto seguro que se te hace la boca agua, y ya si pudieras olerla y saborearla...,
ou mama!

---

200 g de azúcar blanco

135 g de mantequilla pomada

1 huevo

300 g de harina floja

3 g de impulsor

3 g de bicarbonato

2 g de sal

70 g de chips de chocolate con leche

125 g de Nutella®

Mezclar el azúcar y la mantequilla hasta que se integren bien los ingredientes. Añadir el huevo y seguir mezclando. Cuando se haya integrado, incorporar la harina, el impulsor, el bicarbonato y la sal. Por último, agregar los chips de chocolate. Mezclar hasta que quede todo integrado.

Engrasar un molde con mantequilla o espray desmoldante. Colocar ⅓ de la masa en el molde, extendiéndola bien por toda la base y cubriendo los laterales. Dosificar en el centro la Nutella® y finalmente tapar con el resto de la masa.

Hornear a 180 °C durante unos 25-30 minutos y dejar enfriar antes de desmoldar.

Aromáticas

~

TÉ MATCHA
69

TÉ MATCHA Y FRAMBUESA
70

CLAVO, NARANJA Y CHOCOLATE BLANCO
73

MANZANA Y CANELA
74

CHAI LATTE
76

VAINILLA Y CARDAMOMO
78

CALABAZA, CHOCOLATE CON LECHE Y ESPECIAS
80

Té matcha

 8 uds.

De sobra es sabido que muchos son los beneficios de tomar matcha, pero creo firmemente que, si lo tomas en formato cookie, puede proporcionar un extra de felicidad, alegría y sonrisas.

200 g de azúcar blanco
135 g de mantequilla pomada
15 g de té matcha en polvo
1 huevo
300 g de harina floja
3 g de impulsor
3 g de bicarbonato
2 g de sal
70 g de chips de chocolate blanco

Mezclar el azúcar, la mantequilla y el té hasta que se integren bien los ingredientes. Añadir el huevo y seguir mezclando. Cuando se haya integrado, incorporar la harina, el impulsor, el bicarbonato y la sal. Por último, agregar los chips de chocolate y mezclar hasta que quede todo integrado.

Hacer bolas de masa de unos 60-70 g aproximadamente y colocar sobre una bandeja de horno con papel antiadherente con una separación suficiente entre ellas para evitar que se unan entre sí durante la cocción.

Hornear a 180 °C durante unos 10-15 minutos.

Té matcha y frambuesa

 8 uds.

A las cookies de la receta anterior les añadimos ahora una deliciosa compota de frambuesa casera por encima.

250 g de frambuesa
200 g de azúcar blanco
el zumo de ½ limón

Para elaborar las cookies, seguir los pasos que se indican en la receta anterior.

Para la compota, calentar en un cazo las frambuesas, el azúcar y el zumo de medio limón, y remover constantemente hasta que empiece a hervir. Seguir removiendo durante 10 minutos más a fuego medio.

Dosificar en un bol o bandeja y dejar enfriar. Una vez que las cookies estén frías, cubrir con la mermelada y frambuesas frescas.

Clavo, naranja y chocolate blanco

 8 uds.

El clavo es una especia que se ha usado desde siempre en la cocina de mi familia, ¡incluso para hacer arroz con leche! Su olor, junto con las notas de naranja y el dulzor del chocolate blanco, me transportan directamente a casa.

140 g de mantequilla
2 clavos
210 g de azúcar moreno
1 huevo
300 g de harina floja
3 g de impulsor
3 g de bicarbonato
2 g de sal
70 g de chips de chocolate blanco
140 g de naranja confitada

Calentar la mantequilla y el clavo en un cazo a fuego medio sin dejar de remover. Continuar removiendo hasta que la mantequilla adquiera un color avellana. Colar en un bol y dejar enfriar en la nevera durante 24 horas.

Retirar la mantequilla de la nevera y calentar en tandas de 15 segundos en el microondas hasta que alcance una textura pomada.

Mezclar el azúcar y la mantequilla hasta que se integren bien los ingredientes. Añadir el huevo y seguir mezclando. Cuando se haya integrado, incorporar la harina, el impulsor, el bicarbonato y la sal. Por último, agregar los chips de chocolate y la mitad de la naranja confitada. Mezclar hasta que quede todo integrado.

Hacer bolas de masa de unos 60-70 g aproximadamente y colocar sobre una bandeja de horno con papel antiadherente con una separación suficiente entre ellas para evitar que se unan entre sí durante la cocción.

Hornear a 180 °C durante unos 10-15 minutos y dejar enfriar. Decorar con el resto de la naranja confitada por encima.

Manzana y canela

 8 uds.

Amo cuando en un restaurante tienen de postre manzana al horno. Puede que la combinación de manzana y canela sea una de mis favoritas del mundo mundial. Y como sugerencia... te diré que estas cookies acompañadas de una bola de helado de vainilla son aún mejores.

COOKIES:

- 375 g de azúcar moreno
- 275 g de mantequilla pomada
- 150 g de harina floja
- 3 huevos
- 5 g de impulsor
- 5 g de bicarbonato
- 5 g de canela molida
- 125 g de chips de chocolate con leche

MANZANA CARAMELIZADA:

- 2 manzanas Granny Smith
- 15 g de mantequilla
- 50 g de azúcar moreno

COOKIES:

Mezclar el azúcar y la mantequilla hasta que se integren bien los ingredientes. Añadir el huevo y seguir mezclando. Cuando se haya integrado, incorporar la harina, el impulsor, el bicarbonato y la canela molida. Por último, agregar los chips de chocolate y mezclar hasta que quede todo integrado.

Hacer bolas de masa de unos 60-70 g aproximadamente y colocar sobre una bandeja de horno con papel antiadherente con una separación suficiente entre ellas para evitar que se unan entre sí durante la cocción.

Hornear a 180 °C durante unos 10-15 minutos.

MANZANA CARAMELIZADA:

Cortar las manzanas en dados de 1 cm aproximadamente. Calentar la mantequilla en una sartén hasta que se funda e incorporar los dados de manzana y el azúcar moreno. No dejar de remover hasta que las manzanas se caramelicen.

Reservar hasta que se enfríe y dosificar una cucharada sobre cada cookie.

Chai latte

 8 uds.

Estas cookies llevan todas las especias típicas del té chai, pero sin el té. ¿La solución? Disfrutar de una taza caliente de té mientras las preparas en la cocina de casa, y si es con un poco de leche y espumita..., no se me ocurre un plan mejor.

135 g de azúcar moreno
100 g de azúcar blanco
170 g de mantequilla pomada
1 huevo
315 g de harina floja
6 g de maicena
1,5 g de cremor tártaro
3,5 g de bicarbonato
1,5 g de sal
4 g de canela molida
2 g de cardamomo en polvo
1 g clavo en polvo
1 g de jengibre en polvo
1 g de pimienta molida
1 g de nuez moscada en polvo
5 g de semillas de vainilla

Mezclar los azúcares y la mantequilla hasta que se integren bien los ingredientes. Añadir el huevo y seguir mezclando. Cuando se haya integrado, incorporar la harina, la maicena, el cremor tártaro, el bicarbonato, la sal y las especias. Mezclar hasta que quede todo integrado.

Hacer bolas de masa de unos 60-70 g aproximadamente y colocar sobre una bandeja de horno con papel antiadherente con una separación suficiente entre ellas para evitar que se unan entre sí durante la cocción.

Hornear a 180 °C durante unos 10-15 minutos y dejar enfriar. Espolvorear un poquito de canela para decorar.

Oh, my cookie!

Vainilla y cardamomo

 8 uds.

El cardamomo no solo se usa para darle sabor a nuestros cócteles burbujeantes, también es ideal para utilizar en postres, como estas cookies coronadas con una ganache montada que quita el sentido. *Minitip*: juega con las especias y usa la ganache en cualquier otra cookie.

COOKIES:

- 135 g de azúcar moreno
- 100 g de azúcar blanco
- 170 g de mantequilla pomada
- 1 huevo
- 315 g de harina floja
- 6 g de maicena
- 1,5 g de cremor tártaro
- 3,5 g de bicarbonato
- 1,5 g de sal
- 5 g de cardamomo en polvo
- 5 g de semillas de vainilla

GANACHE MONTADA DE VAINILLA Y CARDAMOMO

(preparar 24 horas antes):

- 3 g de gelatina neutra en polvo
- 17 ml de agua para hidratar la gelatina
- 250 g de nata de montar 1
- 2,5 g de cardamomo en polvo
- 2,5 g de semillas de vainilla
- 110 g de chocolate blanco de repostería
- 250 g nata de montar 2

COOKIES:

Mezclar los azúcares y la mantequilla hasta que se integren bien los ingredientes. Añadir el huevo y seguir mezclando. Cuando se haya integrado, incorporar la harina, la maicena, el cremor tártaro, el bicarbonato, la sal y las especias. Mezclar hasta que quede todo integrado.

Hacer bolas de masa de unos 60-70 g aproximadamente y colocar sobre una bandeja de horno con papel antiadherente con una separación suficiente entre ellas para evitar que se unan entre sí durante la cocción.

Hornear a 180 °C durante unos 10-15 minutos y dejar enfriar.

GANACHE MONTADA DE VAINILLA Y CARDAMOMO:

Mezclar la gelatina con el agua y dejar que se hidrate 5 minutos.

Calentar la nata 1 con el cardamomo, la vainilla y la gelatina en un cazo a fuego medio. Cuando la mezcla esté caliente, volcar sobre un bol con el chocolate blanco troceado. Mezclar el conjunto con la ayuda de la túrmix e incorporar la nata fría 2 poco a poco hasta que quede una mezcla homogénea. Dejar reposar en la nevera durante 24 horas.

Una vez que las cookies estén frías, montar la ganache en la batidora y dosificar al gusto.

Oh, my cookie!

Calabaza, chocolate con leche y especias

🍪 8 uds.

El pumpkin pie hecho cookie. Aprovecha la temporada de calabazas para preparar esta receta superaromática e irresistible. Puedes quitar o añadir especias como el jengibre o el cardamomo.
¡Juega con los aromas y crea tu receta perfecta!

COOKIES:

- 150 g de calabaza cruda
- 135 g de azúcar moreno
- 100 g de azúcar blanco
- 170 g de mantequilla pomada
- 1 huevo
- 315 g de harina floja
- 6 g de maicena
- 1,5 g de cremor tártaro
- 3,5 g de bicarbonato
- 1,5 g de sal
- 5 g de canela molida
- 1 g de nuez moscada en polvo
- 5 g de semillas de vainilla

GLASEADO CREMOSO:

- 160 g de azúcar glas
- 100 g de mantequilla pomada
- 200 g de queso crema

COOKIES:

Pelar y cortar la calabaza y cocer durante 20 minutos. Colar y triturar con un tenedor hasta conseguir una masa homogénea. Dejar enfriar.

Mezclar los azúcares y la mantequilla hasta que se integren bien los ingredientes. Añadir el huevo y seguir mezclando. Cuando se haya integrado, incorporar la harina, la maicena, el cremor tártaro, el bicarbonato, la sal y las especias. Por último, agregar el puré de calabaza y mezclar hasta que quede todo integrado.

Hacer bolas de masa de unos 60-70 g aproximadamente y colocar sobre una bandeja de horno con papel antiadherente con una separación suficiente entre ellas para evitar que se unan entre sí durante la cocción.

Hornear a 180 °C durante unos 10-15 minutos y dejar enfriar.

GLASEADO CREMOSO:

Mezclar la mantequilla y el azúcar y, seguidamente, añadir el queso crema y seguir mezclando hasta que quede una masa homogénea.

Una vez que las cookies estén frías, pintar con el glaseado.

Crunchies

~~~

CACAHUETE Y DULCE DE LECHE
85

MACADAMIA, VAINILLA Y CARAMELO
86

AVELLANA Y CHOCOLATE
88

NUECES Y MIEL
91

PISTACHO Y FRAMBUESA
92

PECÁN Y SIROPE DE ARCE
95

Cacahuete y dulce de leche

 8 uds.

Estas cookies son una auténtica locura. Palabrita. La combinación de cacahuete, dulce de leche y chocolate con leche es sencillamente ES-PEC-TA-CU-LAR. Una receta para gozar elaborando y comiendo.

200 g de azúcar blanco
135 g de mantequilla pomada
1 huevo
300 g de harina floja
3 g de impulsor
3 g de bicarbonato
2 g de sal
70 g de chips de chocolate con leche
100 g de cacahuetes pelados
200 g de dulce de leche
2 cucharadas de cacahuetes troceados

Mezclar el azúcar y la mantequilla hasta que se integren bien los ingredientes. Añadir el huevo y seguir mezclando. Cuando se haya integrado, incorporar la harina, el impulsor, el bicarbonato y la sal. Por último, agregar los chips de chocolate y los cacahuetes, y mezclar hasta que quede todo integrado.

Hacer bolas de masa de unos 60-70 g aproximadamente y colocar sobre una bandeja de horno con papel antiadherente con una separación suficiente entre ellas para evitar que se unan entre sí durante la cocción.

Hornear a 180 °C durante unos 10-15 minutos.

Una vez que salgan del horno, dosificar algunos puntos de dulce de leche sobre las cookies con una manga pastelera y terminar con algunos cacahuetes troceados.

Macadamia, vainilla y caramelo

 8 uds.

En la panadería de mis padres había un congelador vertical con una colección infinita de helados. Gracias a eso, algún que otro día disfrutábamos del mejor sabor: vainilla con nueces de macadamia. ¡Aquí mi homenaje al mejor helado del mundo!

NUECES DE MACADAMIA CARAMELIZADAS:

70 g de nueces
30 g de azúcar blanco
15 g de mantequilla
15 ml de agua
una pizca de sal

COOKIES:

210 g de azúcar blanco
140 g de mantequilla pomada
1 huevo
300 g de harina floja
3 g de impulsor
3 g de bicarbonato
2 g de sal
70 g de chips de chocolate blanco

NUECES DE MACADAMIA CARAMELIZADAS:

Tostar las nueces en el horno a 180 °C durante unos 5-7 minutos.

En una sartén a fuego medio, fundir la mantequilla y añadir el azúcar y el agua. Remover constantemente con una espátula hasta que el azúcar se disuelva por completo y se forme un caramelo dorado. Incorporar las nueces y mezclar bien. Volcar las nueces sobre una bandeja con papel de horno y dejar enfriar.

COOKIES:

Mezclar el azúcar y la mantequilla hasta que se integren bien los ingredientes. Añadir el huevo y seguir mezclando. Cuando se haya integrado, incorporar la harina, el impulsor, el bicarbonato y la sal. Por último, agregar los chips de chocolate y las macadamias troceadas (reservar unas pocas para la decoración). Mezclar hasta que quede todo integrado.

Hacer bolas de masa de unos 60-70 g aproximadamente y colocar sobre una bandeja de horno con papel

- 70 g de nueces de macadamia caramelizadas

CARAMELO Y ACABADO:
- 50 g de azúcar blanco
- 150 ml de nata de montar

antiadherente con una separación suficiente entre ellas para evitar que se unan entre sí durante la cocción.

Hornear a 180 °C durante unos 10-15 minutos y dejar enfriar.

CARAMELO Y ACABADO:

Calentar el azúcar en un cazo a fuego medio hasta que empiece a formar un caramelo tostado. Seguidamente, añadir poco a poco la nata caliente e ir removiendo hasta que quede todo integrado y forme un tofe.

Dejar enfriar y dosificar en forma de espiral sobre las cookies con la ayuda de un cono de papel.

Por último, decorar con trocitos de nueces de macadamia.

Avellana y chocolate

 8 uds.

Si la mayor parte de dulces del mundo combinan chocolate con leche con avellana será por algo. Y es que esta combinación es imbatible. Si quieres darle un punto aún más *crunchy*, puedes caramelizar el granillo de avellana antes de añadirlo a la masa.

210 g de azúcar blanco
140 g de mantequilla pomada
1 huevo
300 g de harina floja
3 g de impulsor
3 g de bicarbonato
2 g de sal
70 g de chips de chocolate con leche
70 g de granillo de avellana

Mezclar el azúcar y la mantequilla hasta que se integren bien los ingredientes. Añadir el huevo y seguir mezclando. Cuando se haya integrado, incorporar la harina, el impulsor, el bicarbonato y la sal. Por último, agregar los chips de chocolate y el granillo de avellana, y mezclar hasta que quede todo integrado.

Hacer bolas de masa de unos 60-70 g aproximadamente y colocar sobre una bandeja de horno con papel antiadherente con una separación suficiente entre ellas para evitar que se unan entre sí durante la cocción.

Hornear a 180 °C durante unos 10-15 minutos.

Nueces y miel

 8 uds.

Estas cookies son dulces y golosas y, además, ¡superfáciles de hacer! Con tan solo cinco ingredientes puedes conseguir una deliciosa merienda en cuestión de minutos. Simplemente elige una buena miel de flores y a disfrutar.

200 g de harina floja
2,5 g de bicarbonato
130 g de mantequilla pomada
100 g de azúcar blanco
85 g de miel
60 g de nueces

Mezclar la harina, el bicarbonato y la mantequilla hasta que se integren bien los ingredientes. Añadir el azúcar y la miel, y mezclar hasta que quede todo integrado. Finalmente agregar las nueces troceadas e incorporar suavemente.

Hacer bolas de masa de unos 60-70 g aproximadamente y colocar sobre una bandeja de horno con papel antiadherente con una separación suficiente entre ellas para evitar que se unan entre sí durante la cocción.

Hornear a 180 °C durante unos 10-15 minutos y dejar enfriar. Decorar con unas gotas de miel por encima.

Pistacho y frambuesa

 8 uds.

La acidez de la frambuesa, el punto salado del pistacho y el dulzor del chocolate blanco es una combinación... *amazing!* Puedes cambiar la frambuesa por cualquier otro fruto rojo que aporte ese puntito de acidez, como arándanos, grosella, fresa... Diviértete probando.

COOKIES:

- 300 g de azúcar moreno
- 220 g de mantequilla pomada
- 2 huevos
- 330 g de harina floja
- 2,5 g de impulsor
- 2,5 g de bicarbonato
- 50 g chips de chocolate blanco
- 40 g de pistachos pelados
- 100 g de frambuesas

ACABADO:

- 100 g de pasta de pistacho
- 80 g de pistachos pelados
- 80 g de frambuesas

COOKIES:

Mezclar el azúcar y la mantequilla hasta que se integren bien los ingredientes. Añadir los huevos y seguir mezclando. Cuando se haya integrado, incorporar la harina, el impulsor y el bicarbonato. Por último, agregar los chips de chocolate, los pistachos troceados y las frambuesas. Mezclar hasta que quede todo integrado.

Hacer bolas de masa de unos 60-70 g aproximadamente y colocar sobre una bandeja de horno con papel antiadherente con una separación suficiente entre ellas para evitar que se unan entre sí durante la cocción.

Hornear a 180 °C durante unos 10-15 minutos y dejar enfriar.

ACABADO:

Dosificar unos puntos de pasta de pistacho con una manga pastelera y decorar las cookies con pistachos y frambuesas.

Pecán y sirope de arce

 8 uds.

De todos los frutos secos, creo que el pecán es el que más me gusta. Su sabor tostado combinado con el sirope de arce y el chocolate blanco... mmm... Y si quieres todavía más intensidad de sabor, tuesta las nueces previamente en el horno, estarán aún más crujientes y sabrosas.

210 g de azúcar blanco
140 g de mantequilla pomada
1 huevo
300 g de harina floja
3 g de impulsor
3 g de bicarbonato
2 g de sal
70 g de chips de chocolate blanco
70 g de nueces de pecán
sirope de arce al gusto para decorar

Mezclar el azúcar y la mantequilla hasta que se integren bien los ingredientes. Añadir el huevo y seguir mezclando. Cuando se haya integrado, incorporar la harina, el impulsor, el bicarbonato y la sal. Por último, agregar los chips de chocolate y las nueces pecanas. Mezclar hasta que quede todo integrado.

Hacer bolas de masa de unos 60-70 g aproximadamente y colocar sobre una bandeja de horno con papel antiadherente con una separación suficiente entre ellas para evitar que se unan entre sí durante la cocción.

Hornear a 180 °C durante unos 10-15 minutos y dejar enfriar.

Para terminar, dosificar el sirope de arce sobre las cookies.

Molonas

AFTER EIGHT®
99

LOTUS®
100

OREO®
102

RED VELVET OREO®
105

KINDER BUENO® Y NUTELLA®
106

DONUTS®
108

After Eight®

 10 uds.

After Eight®, ¿sí o no? Yo digo sí, ¡lo confieso! Hubo una época de mi vida en la que literalmente era adicta a estas finas chocolatinas. En este libro no podía faltar un sabor tan controvertido pero irresistible para los que le dan una oportunidad. ¿Te atreves a probarlo?

---

165 g de azúcar blanco
3 huevos
5 g de hojas de menta
60 g de mantequilla pomada
300 g de chocolate negro de repostería
55 g de harina floja
225 g de chips de chocolate negro
10 chocolatinas After Eight®

Mezclar el azúcar con el huevo utilizando unas varillas y montar hasta que aumente su volumen. Picar la menta muy fina y mezclarla con la mantequilla. Fundir en el microondas junto con el chocolate negro de repostería. Mezclar las dos preparaciones anteriores y añadir la harina hasta que quede bien integrada. Por último, agregar los chips de chocolate y mezclar hasta que quede todo integrado.

Hacer bolas de masa de unos 60-70 g aproximadamente y colocar sobre una bandeja de horno con papel antiadherente con una separación suficiente entre ellas para evitar que se unan entre sí durante la cocción.

Hornear a 180 °C durante unos 10-15 minutos.

Una vez que salgan del horno y aún en caliente, colocar sobre cada cookie una chocolatina After Eight®.

Lotus®

 8 uds.

Esa galletita de canela que acompaña el café en un restaurante es un detalle que me encanta. Y es que es uno de esos básicos de toda la vida que no pasan de moda. En esta cookie añado además una ganache montada que es maravillosa.

GANACHE MONTADA (preparar con 24 horas de antelación):

- 100 g de crema de galleta Lotus®
- 200 g de nata de montar

COOKIES:

- 200 g de azúcar blanco
- 135 g de mantequilla pomada
- 1 huevo
- 300 g de harina floja
- 3 g de impulsor
- 3 g de bicarbonato
- 2 g de sal
- 70 g chips de chocolate blanco
- 100 g de Lotus® trituradas

GANACHE MONTADA:

Poner en un cazo la crema y la nata, y llevar a ebullición sin dejar de remover. Dosificar en un bol y tapar con papel film. Dejar enfriar en la nevera durante 24 horas.

COOKIES:

Mezclar el azúcar y la mantequilla hasta que se integren bien los ingredientes. Añadir el huevo y seguir mezclando. Cuando se haya integrado, incorporar la harina, el impulsor, el bicarbonato y la sal. Por último, agregar los chips de chocolate y las Lotus® trituradas. Mezclar hasta que quede todo integrado.

Hacer bolas de masa de unos 60-70 g aproximadamente y colocar sobre una bandeja de horno con papel antiadherente con una separación suficiente entre ellas para evitar que se unan entre sí durante la cocción.

Hacer un agujero en cada cookie, rellenar con 30 g de crema de Lotus® y tapar con un trocito de masa de cookie.

Hornear a 180 °C durante unos 10-15 minutos y dejar enfriar.

Molonas

240 g de crema de Lotus®

ACABADO:
8 galletas Lotus® enteras

ACABADO:
Montar la ganache con la ayuda de una batidora y dosificar sobre las cookies con una manga pastelera. Terminar con una galleta Lotus® sobre cada cookie.

Oreo

 8 uds.

Pocas palabras me hacen falta para convencerte para hacer estas cookies. Yo no sé qué tienen estas galletas que todo el mundo las AMA. Y es que las Oreo® son las reinas de las galletas, ¿no crees?

---

200 g de azúcar blanco
135 g de mantequilla pomada
1 huevo
300 g de harina floja
3 g de impulsor
3 g de bicarbonato
2 g de sal
70 g de chips de chocolate blanco
100 g de Oreo® trituradas
2 cucharadas de Oreo® troceadas para decorar

Mezclar el azúcar y la mantequilla hasta que se integren bien los ingredientes. Añadir el huevo y seguir mezclando. Cuando se haya integrado, incorporar la harina, el impulsor, el bicarbonato y la sal. Por último, agregar los chips de chocolate y la galleta Oreo® triturada. Mezclar hasta que quede todo integrado.

Hacer bolas de masa de unos 60-70 g aproximadamente y colocar sobre una bandeja de horno con papel antiadherente con una separación suficiente entre ellas para evitar que se unan entre sí durante la cocción.

Hornear a 180 °C durante unos 10-15 minutos y dejar enfriar.

Una vez que salgan del horno y aún en caliente, colocar sobre cada cookie trocitos de Oreo®.

Red velvet Oreo®

 8 uds.

Igual que la clásica con Oreo®, pero en versión red velvet. El queso crema y el puntito de cacao hacen que esta cookie sea sencillamente deliciosa. Si te atreves, añádele alguna ganache montada de las recetas de este libro, ¡será aún más top!

---

115 g de mantequilla pomada
60 g de queso crema
170 g de azúcar blanco
1 huevo
3 g de colorante rojo
260 g de harina floja
15 g de maicena
25 g de cacao en polvo
6 g de bicarbonato
3 g de sal
125 g chips de chocolate blanco
2 cucharadas de Oreo® troceadas para decorar

Mezclar el azúcar, la mantequilla y el queso crema hasta que se integren bien los ingredientes. Añadir el huevo y el colorante y seguir mezclando. Cuando se haya integrado, incorporar la harina, la maicena, el cacao en polvo, el bicarbonato y la sal. Por último, agregar los chips de chocolate y la galleta Oreo® triturada. Mezclar hasta que quede todo integrado.

Hacer bolas de masa de unos 60-70 g aproximadamente y colocar sobre una bandeja de horno con papel antiadherente con una separación suficiente entre ellas para evitar que se unan entre sí durante la cocción.

Hornear a 180 °C durante unos 10-15 minutos y dejar enfriar.

Una vez que salgan del horno y aún en caliente, colocar sobre cada cookie trocitos de Oreo®.

Kinder Bueno® y Nutella®

 8 uds.

Dos productos icónicos que representan la infancia de todos los que nacimos en los noventa. En el bolso de mi madre no podía faltar un paquetito de Kinder, y en cualquier fiesta de cumpleaños, un sándwich de Nutella® para acompañar con los ganchitos. ¡Ay, qué tiempos!

210 g de azúcar blanco
140 g de mantequilla pomada
1 huevo
300 g de harina floja
3 g de impulsor
3 g de bicarbonato
2 g de sal
70 g de chips de chocolate con leche
4 Kinder Bueno®
200 g de Nutella®
2 Kinder Bueno® para decorar

Mezclar el azúcar y la mantequilla hasta que se integren bien los ingredientes. Añadir el huevo y seguir mezclando. Cuando se haya integrado, incorporar la harina, el impulsor, el bicarbonato y la sal. Por último, agregar los chips de chocolate y el Kinder Bueno® troceado. Mezclar hasta que quede todo integrado.

Hacer bolas de masa de unos 60-70 g aproximadamente y colocar sobre una bandeja de horno con papel antiadherente con una separación suficiente entre ellas para evitar que se unan entre sí durante la cocción.

Hornear a 180 °C durante unos 10-15 minutos y dejar enfriar.

Extender una cucharada de Nutella® sobre cada cookie y colocar una porción de Kinder Bueno®.

Donuts®

 8 uds.

Como buenos amantes de los Donuts®, nos lo pasamos genial probando esta receta en el obrador. Yo te sugiero que añadas algunos *sprinkles* de colores o que cambies, si te apetece, el glaseado por un baño de chocolate. ¡Un lienzo en blanco para tu imaginación!

COOKIES:

200 g de azúcar blanco
135 g de mantequilla pomada
1 huevo
300 g de harina floja
3 g de impulsor
3 g de bicarbonato
2 g de sal
300 g de Donuts®

GLASEADO:

200 g de azúcar glas
2 g de esencia de vainilla
30 ml de leche

COOKIES:

Mezclar el azúcar y la mantequilla hasta que se integren bien los ingredientes. Añadir el huevo y seguir mezclando. Cuando se haya integrado, incorporar la harina, el impulsor, el bicarbonato y la sal. Triturar los Donuts® hasta obtener una masa homogénea y mezclar el conjunto hasta que quede todo integrado.

Colocar la masa entre dos hojas de papel de hornear y estirar con el rodillo hasta que tenga un grosor uniforme de aproximadamente 5 mm.

Retirar la hoja superior de papel y usar un cortante de 10 cm de diámetro para hacer los aros. Con un cortante de 2 cm, cortar el centro de cada aro para formar la clásica forma de Donuts®.

Colocar los aros sobre una bandeja de horno con papel antiadherente con una separación suficiente entre ellos para evitar que se unan entre sí durante la cocción.

Hornear a 180 °C durante unos 10-15 minutos y dejar enfriar.

GLASEADO:

Mezclar el azúcar glas, la esencia de vainilla y la leche con la ayuda de una varilla. Si la mezcla es densa, añadir un poco más de leche. Una vez que las cookies estén frías, pintarlas con el glaseado.

De postre

SÁNDWICH HELADO
113

CREMA CATALANA
114

PAN CON CHOCOLATE, AOVE Y SAL
116

TIRAMISÚ
118

BANOFFEE ESTILO KOKU KITCHEN
121

Sándwich helado

 4 uds.

Algunos pensarán que esta receta es rizar el rizo, otros, que con helado todo sabe mejor. Yo soy del *team* helado, sin lugar a dudas. Elige tu sabor favorito, juega con las intensidades de cacao con los chips de chocolate y descubre tu receta perfecta.

- 210 g de azúcar blanco
- 140 g de mantequilla pomada
- 1 huevo
- 300 g de harina floja
- 3 g de impulsor
- 3 g de bicarbonato
- 2 g de sal
- 70 g de chips de chocolate negro
- 500 g de helado

Mezclar el azúcar y la mantequilla hasta que se integren bien los ingredientes. Añadir el huevo y seguir mezclando. Cuando se haya integrado, incorporar la harina, el impulsor, el bicarbonato y la sal. Por último, agregar los chips de chocolate y mezclar hasta que quede todo integrado.

Hacer bolas de masa de unos 60-70 g aproximadamente y colocar sobre una bandeja de horno con papel antiadherente con una separación suficiente entre ellas para evitar que se unan entre sí durante la cocción.

Hornear a 180 °C durante unos 10-15 minutos.

Dejar enfriar y rellenar con una bola de tu helado favorito.

Crema catalana

 8 uds.

Por el simple hecho de llenar la casa de olor a canela, limón y azúcar recién caramelizado, vale la pena hacer estas cookies. Si te animas con la receta, quema la crema al momento de servirla, será un exitazo.

COOKIES:

210 g de azúcar blanco
140 g de mantequilla pomada
1 huevo
300 g de harina floja
3 g de impulsor
3 g de bicarbonato
2 g de sal
70 g de chips de chocolate con leche

CREMA PASTELERA:

4 yemas de huevo
125 g de azúcar blanco
45 g de maicena
400 ml de leche entera
100 g de nata de montar
la piel de 1 limón
1 rama de canela

COOKIES:

Mezclar el azúcar y la mantequilla hasta que se integren bien los ingredientes. Añadir el huevo y seguir mezclando. Cuando se haya integrado, incorporar la harina, el impulsor, el bicarbonato y la sal. Por último, agregar los chips de chocolate y mezclar hasta que quede todo integrado.

Hacer bolas de ma sa de unos 60-70 g aproximadamente y colocar sobre una bandeja de horno con papel antiadherente con una separación suficiente entre ellas para evitar que se unan entre sí durante la cocción.

Hornear a 180 °C durante unos 10-15 minutos y dejar enfriar.

CREMA PASTELERA:

En un bol mezclar las yemas, el azúcar y la maicena.

Calentar la leche y la nata en un cazo con la piel de limón y la canela. Cuando empiece a hervir, retirar el limón y la canela, y verter sobre la mezcla anterior y remover constantemente para evitar que queden grumos.

De postre

ACABADO:
2-3 cucharadas de azúcar blanco para caramelizar

Volver a calentar esta mezcla a fuego medio y seguir mezclando hasta que espese.

Verter en un bol o una bandeja y cubrir con papel film bien pegado a la crema. Dejar enfriar en la nevera.

ACABADO:

Una vez frías, dosificar la crema sobre las cookies, añadir azúcar blanco y quemar con la pala hasta que la superficie quede caramelizada.

Pan con chocolate, AOVE y sal

 8 uds.

Siempre recordaré esas meriendas en las que mi abuela abría una barra de pan por la mitad, metía una tableta de chocolate, lo bañaba todo en aceite de oliva y le añadía una pizca de sal. Unos sabores que me transportan a mi infancia más feliz.

COOKIES:

- 210 g de azúcar blanco
- 140 g de mantequilla pomada
- 1 huevo
- 300 g de harina floja
- 3 g de impulsor
- 3 g de bicarbonato
- 2 g de sal
- 70 g de chips de chocolate negro

COOKIES:

Mezclar el azúcar y la mantequilla hasta que se integren bien los ingredientes. Añadir el huevo y seguir mezclando. Cuando se haya integrado, incorporar la harina, el impulsor, el bicarbonato y la sal. Por último, agregar los chips de chocolate y mezclar hasta que quede todo integrado.

Hacer bolas de masa de unos 60-70 g aproximadamente y colocar sobre una bandeja de horno con papel antiadherente con una separación suficiente entre ellas para evitar que se unan entre sí durante la cocción.

Hornear a 180 °C durante unos 10-15 minutos.

GANACHE DE CHOCOLATE NEGRO:

- 200 g de chocolate negro de repostería
- 200 g de nata de montar

GANACHE DE CHOCOLATE NEGRO:

Calentar la nata en un cazo sin llegar a ebullición y verter en un bol sobre el chocolate troceado. Mezclar hasta que quede una mezcla homogénea y con brillo. Dejar reposar una hora en la nevera hasta que empiece a cristalizar.

De postre

ACABADO:

- 8 rebanadas finas de pan
- 2 o 3 cucharadas de AOVE
- una pizca de sal en escamas

ACABADO:

Tostar las rebanadas de pan hasta que queden doraditas.

Cubrir las cookies con una cucharada de ganache de chocolate, colocar una rebanada de pan encima y aderezar con un chorrito de aceite de oliva virgen extra y sal en escamas.

Tiramisú

 8 uds.

¿Eres de los que piden tiramisú para compartir o prefieres el postre solo para ti? Sea cual sea la respuesta, te aseguro que esta cookie la vas a querer en exclusiva. Idea: utiliza esta crema montada de mascarpone para decorar cualquier otra cookie, ¡está buenísima!

COOKIES:

- 135 g de azúcar moreno
- 75 g de azúcar blanco
- 170 g de mantequilla pomada
- 1 huevo
- 300 g de harina floja
- 30 ml de café soluble
- 3 g de bicarbonato
- 1,5 g de impulsor
- 3 g de sal

CREMA MONTADA DE MASCARPONE:

- 80 g de nata de montar
- 120 g de azúcar blanco
- 227 g de queso mascarpone

ACABADO:

- 1 cucharada de cacao en polvo

COOKIES:

Mezclar los azúcares y la mantequilla hasta que se integren bien los ingredientes. Añadir el huevo y seguir mezclando. Cuando se haya integrado, incorporar la harina, el café, el bicarbonato, el impulsor y la sal. Mezclar hasta que quede todo integrado.

Hacer bolas de masa de unos 60-70 g aproximadamente y colocar sobre una bandeja de horno con papel antiadherente con una separación suficiente entre ellas para evitar que se unan entre sí durante la cocción.

Hornear a 180 °C durante unos 10-15 minutos y dejar enfriar.

CREMA MONTADA DE MASCARPONE:

Montar la nata con el azúcar y el queso en la batidora.

Dosificar la crema sobre las cookies con la ayuda de una manga pastelera haciendo forma de espiral. Espolvorear un poco de cacao en polvo sobre la crema.

Banoffee estilo Koku Kitchen

 8 uds.

Uno de mis restaurantes preferidos de Barcelona es el Koku Kitchen. Me flipa su ramen picante, pero su postre de banoffee es sin duda la guinda del pastel. Esta es mi versión-homenaje a uno de mis postres favoritos de la ciudad.

COOKIES:

- 200 g de azúcar blanco
- 135 g de mantequilla pomada
- 1 huevo
- 300 g de harina floja
- 3 g de impulsor
- 3 g de bicarbonato
- 2 g de sal
- 70 g de chips de chocolate con leche
- 100 g de cacahuetes
- 160 g de dulce de leche
- 2 plátanos

NATA MONTADA:

- 200 g de nata de montar
- 20 g de azúcar blanco

COOKIES:

Mezclar el azúcar y la mantequilla hasta que se integren bien los ingredientes. Añadir el huevo y seguir mezclando. Cuando se haya integrado, incorporar la harina, el impulsor, el bicarbonato y la sal. Por último, agregar los chips de chocolate y los cacahuetes troceados. Mezclar hasta que quede todo integrado.

Hacer bolas de masa y cubrir una base de marcos cuadrados de 5x5 cm sobre una bandeja con papel de hornear. Debería quedar una capa de masa de unos 3 cm de grosor.

Hornear a 180 °C durante unos 10 minutos. El resultado será una masa semicocida con una textura muy tierna. Cuando las cookies aún estén tibias, colocar rodajas de plátano por encima y unos hilos de dulce de leche.

NATA MONTADA:

Montar la nata con el azúcar en la batidora y dosificar sobre las cookies con la ayuda de una manga pastelera.

Festivas

~~~

CHEESECAKE DE FRESA
125

CORAZÓN DE FRAMBUESA
126

GINGERBREAD COOKIE
128

TURRÓN
131

CONFETI
132

Cheesecake de fresa

 10 uds.

Cuando hicimos esta foto en el obrador, supimos que iba directa al capítulo de ocasiones especiales. Elegante, golosa y llena de color, con esta cookie triunfarás en cualquier celebración.

COOKIES:

- 200 g de azúcar blanco
- 135 g de mantequilla pomada
- 1 huevo
- 300 g de harina floja
- 3 g de impulsor
- 3 g de bicarbonato
- 2 g de sal
- 70 g de chips de chocolate
- 70 g de fresas

CREMA DE QUESO:

- 200 g de mantequilla pomada
- 320 g de azúcar glas
- 400 g de queso crema

ACABADO:

- frutos rojos al gusto
- 100 g de compota de frutos rojos

COOKIES:

Mezclar el azúcar y la mantequilla hasta que se integren bien los ingredientes. Añadir el huevo y seguir mezclando. Cuando se haya integrado, incorporar la harina, el impulsor, el bicarbonato y la sal. Por último, agregar los chips de chocolate y las fresas troceadas. Mezclar hasta que quede todo integrado.

Hacer bolas de masa de unos 90 g aproximadamente y colocar sobre una bandeja de horno con papel antiadherente con una separación suficiente entre ellas para evitar que se unan entre sí durante la cocción.

Hornear a 180 °C durante unos 10-15 minutos y dejar enfriar.

CREMA DE QUESO:

Mezclar la mantequilla y el azúcar y, seguidamente, añadir el queso crema y seguir mezclando hasta que quede una masa homogénea.

ACABADO:

Dosificar la crema sobre las cookies con una manga pastelera. Decorar con una cucharadita de compota de frutos rojos y frutos rojos al gusto.

Corazón de frambuesa

 8 uds.

Demuéstrale tu amor con... ¡una galleta!
Porque no hay amor más sincero que el amor por la comida.
Consejo: no esperes a una fecha concreta para prepararlas,
cualquier día es un buen día para decir «Te quiero», ¿no te parece?

GALLETAS:
200 g de azúcar glas
300 g de mantequilla pomada
2 huevos
500 g de harina floja

MERMELADA DE FRAMBUESA:
250 g de frambuesas
200 g de azúcar blanco
el zumo de ½ limón

ACABADO:
1 cucharada de azúcar glas

GALLETAS:

Mezclar el azúcar y la mantequilla hasta que se integren bien los ingredientes. Añadir el huevo y la harina, y mezclar hasta que quede todo integrado.

Colocar la masa sobre papel antiadherente de hornear, cubrir con otra hoja de papel antiadherente y estirar la masa con la ayuda de un rodillo hasta formar una plancha de unos 2 mm aproximadamente.

Dejar enfriar en la nevera durante unas 4 horas, retirar la hoja de papel superior y cortar las galletas con cortadores en forma de corazón. Deberían salir 16 unidades.

En el centro de las galletas cortar un corazón más pequeño. Conservar los corazones pequeños para hornear, ya que luego servirán para el acabado.

Colocar las galletas sobre una bandeja de horno con papel antiadherente y hornear a 160 °C durante 10 minutos. Dejar enfriar.

MERMELADA DE FRAMBUESA:

Calentar en un cazo las frambuesas, el azúcar y el zumo de medio limón, y remover constantemente hasta que empiece a hervir. Seguir removiendo durante 10 minutos más a fuego medio.

Dosificar en un bol o bandeja y dejar enfriar.

ACABADO:

Cuando las galletas y la mermelada estén frías, dosificar una cucharadita de la mermelada en la base de la galleta que no tiene el corte de corazón en el centro. Cubrir con las que sí lo tienen y tapar el agujero central con los corazones pequeños para espolvorear el azúcar glas por encima. Por último, retirar los corazones pequeños.

Gingerbread cookie

 15 uds.

¡Oh, oh, oh, feliz Navidad! Pásatelo pipa haciendo estas galletas en casa. Ajusta las especias a tu gusto, decora a tu manera y usa los cortadores más navideños que encuentres. Una vez frías, las puedes guardar en una caja metálica y hacer un regalo chulísimo a tu familia y amigos.

COOKIES:
200 g de azúcar glas
300 g de mantequilla pomada
2 huevos
500 g de harina floja
5 g de jengibre en polvo
5 g de nuez moscada en polvo
5 g de canela en polvo

GLASEADO:
70 g de clara de huevo
400 g de azúcar glas
el zumo de ½ limón
colorante alimentario al gusto

COOKIES:
Mezclar el azúcar y la mantequilla hasta que se integren bien los ingredientes. Añadir el huevo y seguir mezclando. Cuando se haya integrado, incorporar la harina y las especias, y mezclar hasta que quede todo integrado.

Colocar la masa sobre papel antiadherente de hornear, cubrir con otra hoja de papel antiadherente y estirar la masa con la ayuda de un rodillo hasta formar una plancha de unos 5 mm aproximadamente.

Dejar enfriar en la nevera durante unas 4 horas, retirar la hoja de papel superior y cortar las galletas con cortadores de formas diferentes.

Colocar las galletas sobre una bandeja de horno con papel antiadherente y hornear a 160 °C durante 10 minutos.

GLASEADO:
Mezclar la clara, el azúcar y el zumo hasta que quede una textura homogénea. Añadir el colorante elegido siguiendo las instrucciones del fabricante hasta obtener el color deseado.

Dosificar sobre las cookies con la ayuda de un cono de papel o una manga pastelera con una boquilla fina.

Dejar reposar la decoración hasta que se endurezca.

Turrón

 8 uds.

A veces no sabemos qué hacer con el turrón blando que sobra al finalizar las fiestas o quizá nos resulte aburrido servir lo mismo año tras año. Por eso esta receta es perfecta para sorprender con una elaboración diferente, pero con el sabor de siempre.

200 g de azúcar blanco
135 g de mantequilla pomada
1 huevo
200 g de harina floja
100 g de harina de almendra
3 g de impulsor
3 g de bicarbonato
2 g de sal
70 g de granillo de almendra
100 g de turrón blando
300 g de crema de turrón

Mezclar el azúcar y la mantequilla hasta que se integren bien los ingredientes. Añadir el huevo y seguir mezclando. Cuando se haya integrado, agregar la harina, la harina de almendra, el impulsor, el bicarbonato y la sal. Por último, el granillo de almendra. Mezclar hasta que quede todo integrado. Finalmente, incorporar suavemente el turrón cortado en dados.

Hacer bolas de masa de unos 60-70 g aproximadamente y colocar sobre una bandeja de horno con papel antiadherente con una separación suficiente entre ellas para evitar que se unan entre sí durante la cocción.

Hornear a 180 °C durante unos 10-15 minutos y dejar enfriar. Decorar con unos puntos de crema de turrón y unos dados de turrón si se desea.

Confeti

 10 uds.

¡Es momento de celebrar! No imaginas lo que me gusta a mí una fiesta de cumpleaños, con sus colores, sus velitas y sus invitados con ganas de dulce. Para estas cookies yo he utilizado colorante rosa, pero usa el color que quieras y dale rienda suelta a tu imaginación.

COOKIES:

- 225 g de mantequilla pomada
- 300 g de azúcar blanco
- 2 huevos
- 400 g de harina floja
- 6 g de bicarbonato
- 10 g de extracto de vainilla
- 30 g de *sprinkles* (grana multicolor)

CREMA:

- 200 g de mantequilla pomada
- 320 g de azúcar glas
- 400 g de queso crema
- colorante alimentario al gusto

ACABADO:

- 1 cucharada de *sprinkles* (grana multicolor)

COOKIES:

Mezclar el azúcar y la mantequilla hasta que se integren bien los ingredientes. Añadir el huevo y seguir mezclando. Cuando se haya integrado, incorporar la harina y el bicarbonato. Por último, agregar el extracto de vainilla y los *sprinkles*. Mezclar hasta que quede todo integrado.

Hacer bolas de masa de unos 100 g aproximadamente y colocar sobre una bandeja de horno con papel antiadherente con una separación suficiente entre ellas para evitar que se unan entre sí durante la cocción.

Hornear a 180 °C durante unos 10-15 minutos y dejar enfriar.

CREMA:

Mezclar la mantequilla y el azúcar y, seguidamente, añadir el queso crema y seguir mezclando hasta que quede una masa homogénea. Incorporar el colorante elegido al gusto.

ACABADO:

Dosificar la crema sobre las cookies con una manga pastelera. Decorar con *sprinkles* al gusto.

Pasteleras

SELVA NEGRA
137

BROWNIE
138

CARROT CAKE
141

LEMON PIE
142

CHEESECAKE
145

RED VELVET CHEESECAKE
146

Selva negra

 8 uds.

¡Otro pastel hecho cookie con éxito! Aunque muy cerca de mi ciudad se cultivan las cerezas más brillantes y dulces de todo el Baix Llobregat, te sugiero que, si puedes, hagas mermelada de cereza casera para coronarlas.

COOKIES:

165 g de azúcar blanco
3 huevos
60 g de mantequilla
300 g de chocolate negro de repostería
55 g de harina floja
225 g de chips de chocolate negro

NATA MONTADA:

600 g de nata de montar
60 g de azúcar blanco
400 g de mermelada de cereza
100 g de chocolate negro rallado

COOKIES:

Mezclar el azúcar con el huevo utilizando unas varillas y montar hasta que aumente su volumen. Fundir la mantequilla en el microondas junto con el chocolate negro de repostería. Hacerlo en tandas de 10 segundos y remover entre tanda y tanda para evitar que el chocolate se queme. Mezclar las dos preparaciones anteriores y añadir la harina hasta que quede bien integrada. Por último, agregar los chips de chocolate y mezclar hasta que quede todo integrado.

Hacer bolas de masa de unos 80 g aproximadamente y colocar sobre una bandeja de horno con papel antiadherente con una separación suficiente entre ellas para evitar que se unan entre sí durante la cocción.

Hornear a 180 °C durante unos 10-15 minutos y dejar enfriar.

NATA MONTADA:

Mezclar la nata y el azúcar con unas varillas y montar hasta que aumente su volumen. Dosificar sobre las cookies con la ayuda de una manga pastelera. Seguidamente, decorar con una cucharadita de mermelada de cereza y chocolate rallado.

Brownie

 10 uds.

La gracia de estas cookies es que queden tiernas en su interior. A mí personalmente me parece una textura explosiva, con un exterior cocido y un interior jugoso. Solo apta para los amantes del chocolate negro.

165 g de azúcar blanco
3 huevos
60 g de mantequilla
300 g de chocolate negro de repostería
55 g de harina floja
225 g de chips de chocolate negro

Mezclar el azúcar con el huevo utilizando unas varillas y montar hasta que aumente su volumen. Fundir la mantequilla en el microondas junto con el chocolate negro de repostería. Hacerlo en tandas de 10 segundos y remover entre tanda y tanda para evitar que el chocolate se queme. Mezclar las dos preparaciones anteriores y añadir la harina hasta que quede bien integrada. Por último, agregar los chips de chocolate y mezclar hasta que quede todo integrado.

Hacer bolas de masa de unos 60-70 g aproximadamente y colocar sobre una bandeja de horno con papel antiadherente con una separación suficiente entre ellas para evitar que se unan entre sí durante la cocción.

Hornear a 180 °C durante unos 10-15 minutos.

Carrot cake

 8 uds.

Me encanta el carrot cake, su olor a canela y a vainilla y el dulce aroma de la zanahoria recién rallada. Hacer esta receta es un placer para todos los sentidos.

COOKIES:

- 150 g de azúcar blanco
- 135 g de azúcar moreno
- 225 g de mantequilla pomada
- 2 huevos
- 345 g de harina floja
- 4 g de bicarbonato
- 5 g de canela molida
- 10 g de semillas de vainilla
- 2 g de sal
- 180 g de zanahoria rallada

GLASEADO CREMOSO:

- 160 g de azúcar glas
- 100 g de mantequilla pomada
- 200 g de queso crema

COOKIES:

Mezclar los azúcares y la mantequilla hasta que se integren bien los ingredientes. Añadir el huevo y seguir mezclando. Cuando se haya integrado, incorporar la harina, el bicarbonato, la canela, la vainilla y la sal. Por último, agregar la zanahoria rallada. Mezclar hasta que quede todo integrado.

Hacer bolas de masa de unos 60-70 g aproximadamente y colocar sobre una bandeja de horno con papel antiadherente con una separación suficiente entre ellas para evitar que se unan entre sí durante la cocción.

Hornear a 180 °C durante unos 10-15 minutos y dejar enfriar.

GLASEADO CREMOSO:

Mezclar la mantequilla y el azúcar y, seguidamente, añadir el queso crema y continuar mezclando hasta que quede una masa homogénea.

Cuando las cookies estén frías, pintar con el glaseado y espolvorear canela al gusto.

Lemon pie

 8 uds.

Mmm, ¡limón! Un cítrico que me encanta utilizar en las recetas porque llena el obrador de un olor irresistible. Consejo: si no tienes termómetro, es muy posible que el merengue no te quede bien. Puedes cambiarlo por algún glaseado o ganache de este libro.

COOKIES:

90 g de azúcar moreno
125 g de azúcar blanco
130 g de mantequilla pomada
la ralladura de 2 limones
30 ml de zumo de limón
1 huevo
25 ml de leche entera
285 g de harina floja
5 g de impulsor

MERENGUE:

240 g de azúcar blanco
80 ml de agua
120 g de claras de huevo
la ralladura de 1 limón

COOKIES:

Mezclar los azúcares, la mantequilla y la ralladura de los dos limones hasta que se integren bien los ingredientes. Añadir el zumo, el huevo y la leche, y seguir mezclando. Cuando se haya integrado, agregar la harina y el impulsor.

Hacer bolas de masa de unos 80 g aproximadamente y colocar sobre una bandeja de horno con papel antiadherente con una separación suficiente entre ellas para evitar que se unan entre sí durante la cocción.

Hornear a 180 °C durante unos 10-15 minutos y dejar enfriar.

MERENGUE:

Poner en un cazo el agua con el azúcar a fuego medio para hacer un almíbar. En paralelo, comenzar a montar las claras en la batidora. Cuando el almíbar alcance los 121 °C, verter sobre las claras montadas en forma de hilo, suavemente.

Seguir batiendo hasta que el merengue esté a temperatura ambiente.

Dosificar el merengue sobre las cookies y quemar con un soplete. Rallar un poco de piel de limón sobre el merengue si se desea.

Cheesecake

 Receta para una tarta utilizando un molde cuadrado de 20x20 cm

Soy una fanática de la cheesecake, especialmente de la galleta que se le pone en la base.
Siempre soñé con una tarta con más galleta que tarta, ¡¡y aquí está!!

MASA DE COOKIE:

- 100 g de azúcar blanco
- 70 g de mantequilla pomada
- 1 huevo
- 150 g de harina floja
- 1,5 g de impulsor
- 1,5 g de bicarbonato
- 1 g de sal
- 35 g chips de chocolate con leche

MASA DE CHEESECAKE:

- 425 g de queso crema
- 160 g de azúcar blanco
- 2 huevos
- 85 g de mantequilla
- 100 g de mermelada de fresa

MASA DE COOKIE:

Mezclar el azúcar y la mantequilla hasta que se integren bien los ingredientes. Añadir el huevo y seguir mezclando. Cuando se haya integrado, incorporar la harina, el impulsor, el bicarbonato y la sal. Por último, agregar los chips de chocolate y mezclar hasta que quede todo integrado.

Engrasar un molde con mantequilla o espray desmoldante. Colocar ⅓ de la masa en el molde, extendiéndola bien por toda la base.

MASA DE CHEESECAKE:

Mezclar el queso crema, el azúcar y el huevo con una batidora o a mano. Fundir la mantequilla en el microondas. Añadir la mantequilla fundida y seguir mezclando hasta obtener una masa homogénea.

Dosificar la masa de cheesecake en el molde sobre la masa de cookie. Seguidamente, añadir el resto de la masa de cookie sobre la masa de cheesecake a trocitos. Por último, añadir unas cucharaditas de mermelada de fresa.

Hornear a 180 °C durante unos 25-30 minutos y dejar enfriar antes de desmoldar.

Red velvet cheesecake

 8 uds.

No sé si será el color rojo o el toque de queso crema, pero la red velvet enamora a todo el que lo prueba. En el obrador es uno de los sabores más solicitados, ¡por algo será! Si tú también eres fan de esta receta, la versión cookie te dejará en completo shock.

COOKIES:

115 g de mantequilla pomada
60 g de queso crema
170 g de azúcar blanco
1 huevo
3 g de colorante rojo
260 g de harina floja
15 g de maicena
25 g de cacao en polvo
6 g de bicarbonato
3 g de sal
125 g de chips de chocolate blanco

CREMA DE QUESO:

200 g de mantequilla pomada
320 g de azúcar glas
400 g de queso crema

COOKIES:

Mezclar el azúcar, la mantequilla y el queso crema hasta que se integren bien los ingredientes. Añadir el huevo y el colorante, y seguir mezclando. Cuando se haya integrado, incorporar la harina, la maicena, el cacao en polvo, el bicarbonato y la sal. Por último, agregar los chips de chocolate y mezclar hasta que quede todo integrado.

Hacer bolas de masa de unos 60-70 g aproximadamente y colocar sobre una bandeja de horno con papel antiadherente con una separación suficiente entre ellas para evitar que se unan entre sí durante la cocción. Hacer una bola de masa más pequeña que usaremos solo para la decoración final.

Hornear a 180 °C durante unos 10-15 minutos y dejar enfriar.

CREMA DE QUESO:

Mezclar la mantequilla y el azúcar y, seguidamente, añadir el queso crema y seguir mezclando hasta que quede una masa homogénea.

ACABADO:

Dosificar la crema sobre las cookies con una manga pastelera. Rallar la cookie más pequeña que hemos preparado anteriormente para decorar el resto de las cookies.

A merendar

~~~

DINOSAURIOS
151

BROOKIE
152

CROOKIE
155

CINNAMON ROLL
156

TARTA MELOCOTÓN
158

Dinosaurios

 15 uds.

Unas galletas muy fáciles y divertidísimas para preparar con los peques. Utiliza los cortadores que quieras y decóralas a tu gusto. ¡Te aseguro que lo pasaréis genial!

200 g de azúcar glas
300 g de mantequilla pomada
2 huevos
500 g de harina floja

Mezclar el azúcar y la mantequilla hasta que se integren bien los ingredientes. Añadir el huevo y la harina, y mezclar hasta que quede todo integrado.

Colocar la masa sobre papel antiadherente de hornear, cubrir con otra hoja de papel antiadherente y estirar la masa con la ayuda de un rodillo hasta formar una plancha de unos 5 mm aproximadamente.

Dejar enfriar en la nevera durante unas 4 horas, retirar la hoja de papel superior y cortar las galletas con cortadores de formas de dinosaurio.

Colocar las galletas sobre una bandeja de horno con papel antiadherente y hornear a 160 °C durante 10 minutos.

Brookie

 Receta para una tarta utilizando un molde cuadrado de 20x20 cm

Imagina tener un táper en la despensa con cuadraditos de brookie para merendar. ¿No te parece un plan genial? Si el chocolate negro te da un poco de miedo, puedes cambiar los chips de la masa de cookie por chips de chocolate blanco.

MASA DE COOKIE:

- 50 g de azúcar blanco
- 100 g de mantequilla pomada
- 1 huevo
- 200 g de harina floja
- 3 g de impulsor
- 1 g de sal
- 35 g de chips de chocolate

MASA DE BROWNIE:

- 100 g de azúcar blanco
- 3 huevos
- 70 g de harina floja
- 10 g de cacao en polvo
- 80 g de mantequilla
- 150 g de chocolate negro de repostería

MASA DE COOKIE:

Mezclar el azúcar y la mantequilla hasta que se integren bien los ingredientes. Añadir el huevo y seguir mezclando. Cuando se haya integrado, incorporar la harina, el impulsor y la sal. Por último, agregar los chips de chocolate y mezclar hasta que quede todo integrado.

Engrasar un molde con mantequilla o espray desmoldante. Colocar ⅓ de la masa en el molde, extendiéndola bien por toda la base. Reservar.

MASA DE BROWNIE:

Mezclar el azúcar, el huevo, la harina y el cacao en polvo. Fundir el chocolate y la mantequilla, e incorporar a la mezcla anterior. Combinar bien hasta obtener una masa homogénea.

Dosificar la masa de brownie en el molde sobre la masa de cookie. Seguidamente, añadir el resto de la masa de cookie sobre la masa de brownie a trocitos.

Hornear a 180 °C durante unos 25-30 minutos y dejar enfriar antes de desmoldar.

Crookie

 8 uds.

Esta es una de esas recetas de aprovechamiento que se acaban convirtiendo en un top ventas con el paso del tiempo. Yo me visualizo paseando por la calle disfrutando de mi crookie y mi café para llevar. ¡Crookilicioso!

210 g de azúcar blanco
140 g de mantequilla pomada
1 huevo
300 g de harina floja
3 g de impulsor
3 g de bicarbonato
2 g de sal
70 g de chips de chocolate con leche
8 cruasanes de mantequilla

Mezclar el azúcar y la mantequilla hasta que se integren bien los ingredientes. Añadir el huevo y seguir mezclando. Cuando se haya integrado, incorporar la harina, el impulsor, el bicarbonato y la sal. Por último, agregar los chips de chocolate y mezclar hasta que quede todo integrado.

Realizar un corte en la parte superior del cruasán y en el lateral, y rellenar los huecos con masa de cookie.

Colocar sobre una bandeja de horno con papel antiadherente y hornear a 180 °C durante unos 7 minutos, hasta que la galleta empiece a estar dorada.

Oh, my cookie!

Cinnamon roll

 8 uds.

Cuando tenía la cafetería, horneaba bandejas y bandejas de cinnamon rolls a diario, ¡eran un éxito rotundo! En este libro no podía faltar la versión cookie, por supuesto. Sugerencia: antes de comerlas, dales un toque de 15 segundos en el microondas para que estén bien tiernas.

COOKIES:

- 210 g de azúcar blanco
- 140 g de mantequilla pomada 1
- 1 huevo
- 300 g de harina floja
- 3 g de impulsor
- 3 g de bicarbonato
- 2 g de sal
- 60 g de mantequilla pomada 2
- 35 g de azúcar moreno
- 3 g de canela molida

GLASEADO:

- 25 g de queso crema
- 10 ml de leche entera
- 85 g de azúcar glas
- el zumo de ½ limón

COOKIES:

Mezclar el azúcar blanco y la mantequilla 1 hasta que se integren bien los ingredientes. Añadir el huevo y seguir mezclando. Cuando se haya integrado, agregar la harina, el impulsor, el bicarbonato y la sal. Mezclar hasta que quede todo integrado.

Mezclar la mantequilla 2 con el azúcar moreno y la canela con la ayuda de una varilla.

Colocar la masa sobre papel antiadherente de hornear, cubrir con otra hoja de papel antiadherente y estirar la masa con la ayuda de un rodillo hasta formar una plancha rectangular de unos 2 mm de grosor aproximadamente.

Retirar el papel superior y extender el relleno sobre la masa. Enrollar la masa sin el papel y cortar discos de 3 cm de grosor aproximadamente.

Colocar los discos sobre una bandeja de horno con papel antiadherente con una separación suficiente entre ellos para evitar que se unan entre sí durante la cocción.

Hornear a 180 °C durante unos 10-15 minutos y dejar enfriar.

GLASEADO:

Mezclar el queso crema con la leche, el azúcar glas y el zumo con una varilla hasta que quede una textura homogénea. Pintar las galletas en caliente con el glaseado.

Tarta de melocotón

 1 tarta de 20 cm de diámetro

La clásica tarta que, en lugar de masa brisa, lleva masa cookie, como no podía ser de otra manera. Puedes utilizar melocotón en almíbar o confitar melocotones en casa, incluso cambiarlo por otra fruta si te apetece. Como siempre digo, ¡experimenta y disfruta!

200 g de azúcar blanco
300 g de mantequilla pomada
2 huevos
500 g de harina floja
600 g de melocotón en almíbar

Mezclar el azúcar y la mantequilla hasta que se integren bien los ingredientes. Añadir el huevo y seguir mezclando. Cuando se haya integrado, agregar la harina y mezclar hasta que quede todo integrado.

Dosificar la masa sobre un molde redondo de 20 cm de diámetro, cubriendo bien la superficie. Reservar una parte.

Hornear a 180 °C durante 10 minutos. Retirar y colocar el melocotón en almíbar cortado en dados sobre la superficie. Cubrir con trocitos de la masa restante por encima y volver a hornear durante 20 minutos más.

Originales

PATATAS FRITAS Y CHOCOLATE BLANCO
163

BACON MAPLE
164

NUBES Y CHOCOLATE NEGRO
167

PALOMITAS
168

PIZZA COOKIE
171

Patatas fritas y chocolate blanco

 8 uds.

Cookies de patatas fritas..., ¿va en serio?
A veces experimentar puede acabar en un desastre o
en una genialidad. A mí estas cookies me parecen lo segundo,
pero tendrás que probarlas para averiguarlo.

200 g de azúcar blanco
135 g de mantequilla pomada
1 huevo
300 g de harina floja
3 g de impulsor
3 g de bicarbonato
2 g de sal
70 g de chips de chocolate blanco
100 g de patatas fritas
1 puñado de patatas fritas para decorar

Mezclar el azúcar y la mantequilla hasta que se integren bien los ingredientes. Añadir el huevo y seguir mezclando. Cuando se haya integrado, incorporar la harina, el impulsor, el bicarbonato y la sal. Por último, agregar los chips de chocolate y las patatas. Mezclar hasta que quede todo integrado.

Hacer bolas de masa de unos 60-70 g aproximadamente y colocar sobre una bandeja de horno con papel antiadherente con una separación suficiente entre ellas para evitar que se unan entre sí durante la cocción.

Hornear a 180 °C durante unos 10-15 minutos y dejar enfriar. Decorar con patatas fritas troceadas por encima.

Bacon maple

 8 uds.

Tienes que probarlas. Así de claro te lo digo. Yo soy una amante del mix dulce-salado y me explota la cabeza con la combinación del beicon tostadito junto con el dulzor del chocolate blanco.

100 g de beicon
150 g de azúcar blanco
50 g de sirope de arce
135 g de mantequilla pomada
1 huevo
300 g de harina floja
3 g de impulsor
3 g de bicarbonato
2 g de sal
70 g de chips de chocolate blanco

Cortar el beicon en taquitos muy pequeños y saltear en una sartén hasta que se doren.

Mezclar el azúcar, el sirope de arce y la mantequilla hasta que se integren bien los ingredientes. Añadir el huevo y seguir mezclando. Cuando se haya integrado, incorporar la harina, el impulsor, el bicarbonato y la sal. Por último, agregar los chips de chocolate y el beicon. Reservar un poco de cada para la decoración. Mezclar hasta que quede todo integrado.

Hacer bolas de masa de unos 60-70 g aproximadamente y colocar sobre una bandeja de horno con papel antiadherente con una separación suficiente entre ellas para evitar que se unan entre sí durante la cocción.

Hornear a 180 °C durante unos 10-15 minutos y dejar enfriar. Decorar con taquitos de beicon y chips de chocolate blanco por encima.

Nubes y chocolate negro

 8 uds.

¡Color, color y más color! No sé qué pensarás, pero a mí estas cookies me parecen una monada para una fiesta de cumpleaños. Puedes cambiar las nubes por las chuches que más te gusten.

200 g de azúcar blanco
135 g de mantequilla pomada
1 huevo
300 g de harina floja
3 g de impulsor
3 g de bicarbonato
2 g de sal
70 g de chips de chocolate negro
100 g de nubes

Mezclar el azúcar y la mantequilla hasta que se integren bien los ingredientes. Añadir el huevo y seguir mezclando. Cuando se haya integrado, incorporar la harina, el impulsor, el bicarbonato y la sal. Por último, agregar los chips de chocolate y las nubes troceadas. Mezclar hasta que quede todo integrado.

Hacer bolas de masa de unos 60-70 g aproximadamente y colocar sobre una bandeja de horno con papel antiadherente con una separación suficiente entre ellas para evitar que se unan entre sí durante la cocción.

Hornear a 180 °C durante unos 10-15 minutos y dejar enfriar.

Palomitas

 8 uds.

Seguimos con el dulce-salado mix. *Oh yeah!* Y es que la combinación de palomitas saladas con dulce de leche es sencillamente genial. Prepárate para una tarde de cine en casa con la merienda más original.

210 g de azúcar blanco
140 g de mantequilla pomada
1 huevo
300 g de harina floja
3 g de impulsor
3 g de bicarbonato
2 g de sal
70 g de chips de chocolate con leche
70 g de palomitas hechas
20 g de dulce de leche

Mezclar el azúcar y la mantequilla hasta que se integren bien los ingredientes. Añadir el huevo y seguir mezclando. Cuando se haya integrado, incorporar la harina, el impulsor, el bicarbonato y la sal. Por último, agregar los chips de chocolate y las palomitas, y mezclar hasta que quede todo integrado.

Hacer bolas de masa de unos 60-70 g aproximadamente y colocar sobre una bandeja de horno con papel antiadherente con una separación suficiente entre ellas para evitar que se unan entre sí durante la cocción.

Hornear a 180 °C durante unos 10-15 minutos y dejar enfriar.

Dosificar unos puntos de dulce de leche sobre las cookies y añadir más palomitas encima si se desea.

Pizza cookie

 1 cookie pizza

Compartir es lo más bonito de esta vida, y si lo que se comparte es una cookie gigante en forma de pizza, ya ni hablamos. Esta receta es una oportunidad ideal para añadir los *toppings* que más te flipen. En la mía no puede faltar la crema de Lotus® y la Nutella® con frutos rojos.

---

105 g de azúcar blanco
70 g de mantequilla pomada
1 huevo
150 g de harina floja
1,5 g de impulsor
1,5 g de bicarbonato
1 g de sal
35 g de chips con leche
Nutella®, dulce de leche, crema de Lotus®, helado… o el *topping* que más te guste

Mezclar el azúcar y la mantequilla hasta que se integren bien los ingredientes. Añadir el huevo y seguir mezclando. Cuando se haya integrado, incorporar la harina, el impulsor, el bicarbonato y la sal. Por último, agregar los chips de chocolate y mezclar hasta que quede todo integrado.

Extender la masa sobre una bandeja de horno con papel antiadherente con la ayuda de un aro de 20 cm de diámetro para hacer la forma de pizza.

Hornear a 180 °C durante unos 10-15 minutos y dejar enfriar.

Cortar en porciones y decorar al gusto.

Agradecimientos

No puedo terminar este libro sin dedicar unas líneas a las personas que lo han hecho posible.

A Marta, gracias por ser el ojo que todo lo ve, la mejor aliada en este proyecto y en la vida. Desde que tengo memoria, has estado a mi lado, compartiendo miles de aventuras y las que aún nos quedan por vivir. Este libro es tan tuyo como mío. Gracias por hacerlo posible.

A mi hermano Álex, gracias por aportar esa mirada única que ha dado vida a la fotografía de este libro, siempre con tanto cariño. Gracias por estar siempre.

A mi compañero de vida, Alberto, gracias por tu amor, que me da la confianza para seguir adelante. Gracias por tu paciencia infinita.

A mi familia y amigos, gracias por estar siempre ahí, por vuestro apoyo incondicional y por hacer que todo esto sea posible.

Y, por último, gracias a ti, que has comprado este libro y has decidido ser parte de esta aventura. Gracias por hacer de este sueño una realidad.

Índice de recetas

After Eight®	99
Avellana y chocolate	88
Avena, pasas y chocolate	46
Bacon maple	164
Banoffee estilo Koku Kitchen	121
Bombón crujiente	62
Brookie	152
Brownie	138
Cacahuete y dulce de leche	85
Calabaza, chocolate con leche y especias	80
Carrot cake	141
Chai latte	76
Cheesecake	145
Cheesecake de fresa	125
Chocolate chip cookie rellena	56
Cinnamon roll	156
Clavo, naranja y chocolate blanco	73
Coco	50
Confeti	132
Cookie pie rellena	64

Corazón de frambuesa	126
Crema catalana	114
Crookie	155
Dinosaurios	151
Donuts®	108
Gingerbread cookie	128
Kinder Bueno® y Nutella®	106
Lemon pie	142
Lima, chocolate blanco y arándanos	48
Limón y semillas de amapola	45
Lotus®	100
Macadamia, vainilla y caramelo	86
Manzana y canela	74
Nubes y chocolate negro	167
Nueces y miel	91
Oreo®	102
Palomitas	168
Pan con chocolate, AOVE y sal	116
Patatas fritas y chocolate blanco	163
Pecán y sirope de arce	95
Piñones y almendras	52
Pistacho y frambuesa	92
Pizza cookie	171
Rayada	58
Red velvet cheesecake	146

Red velvet Oreo®	105
Sándwich helado	113
Selva negra	137
Tarta de melocotón	158
Té matcha	69
Té matcha y frambuesa	70
Tiramisú	118
Tres chocolates	61
Turrón	131
Vainilla y cardamomo	78

ESTE LIBRO NO VA A PASAR UN SOLO MINUTO EN TU ESTANTERÍA

Reconócelo, tú también has caído: has visto tantos vídeos de recetas con la airfryer en las redes sociales que has sentido la necesidad imperiosa de hacerte con una. Y ahí la tienes, muerta de risa, ocupando espacio en la encimera de la cocina. «Si es que ni las patatas fritas me salen bien». Quizá ya has escuchado o estás a punto de escuchar algo así como: «Ya te lo dije, que iba a ser un trasto más». O tal vez es tu propio subconsciente el que se arrepiente de ese impulso que te hizo comprarla. No te preocupes, es normal, yo también he pasado por eso.

Si este ejemplar ha llegado a tus manos, por favor, no lo guardes en la estantería con el resto de los libros de recetas: déjalo en la cocina. Consúltalo, escribe anotaciones, mánchalo de tomate (pero no demasiado, que luego se pegan las páginas). Vamos a conseguir que tu freidora de aire deje de ser un mueble y se convierta en tu electrodoméstico favorito.

«Para viajar lejos no hay mejor nave que un libro».
EMILY DICKINSON

Gracias por tu lectura de este libro.

En **penguinlibros.club** encontrarás las mejores recomendaciones de lectura.

Únete a nuestra comunidad y viaja con nosotros.

penguinlibros.club